T0287707

CÓMO PREPARAR CON ÉXITO UN CONCIERTO O AUDICIÓN

Rafael García

CÓMO PREPARAR CON ÉXITO UN CONCIERTO O AUDICIÓN

MA
NON
TROPPO

© 2015, Rafael García

© 2015, Redbook Ediciones, s. l., Barcelona.

Diseño de cubierta: Regina Richling.

Ilustración de cubierta: iStockphoto

Diseño interior: Amanda Martínez.

ISBN: 978-84-15256-76-2

Depósito legal: B-12.730-2015

Impreso por Sagrafic, Plaza Urquinaona, 14 7º 3ª, 08010 Barcelona

Impreso en España - *Printed in Spain*

Dedicado a mi hermana Maite,
con la que compartí la esencia de esta obra.

ÍNDICE

INTRODUCCIÓN

El reto que plantea este libro tiene que ver con sentirnos capaces de comunicar con plenitud, y de obtener sobre el escenario un rendimiento musical que se ajuste o supere lo bien que lo podamos hacer en nuestra casa. Como iremos viendo a lo largo de los capítulos, entre los ingredientes para alcanzar actuaciones satisfactorias se encuentra: adoptar una mentalidad constructiva, ejercitar buenas estrategias, y desarrollar una enérgica motivación de logro. El objetivo principal consiste en sentirnos capaces de mantener nuestra energía plenamente orientada hacia la excelencia, tanto en el estudio como en las actuaciones.

El concierto es un acto social en el que el músico trata de comunicar con el público. Como todos sabemos sin embargo, la comunicación puede verse obstaculizada por múltiples interferencias: el temblor, la tensión muscular excesiva, los pensamientos descontrolados y amenazantes... Aunque el músico tenga mucho que decir y mucho que expresar, cómo lo dice y cómo lo expresa condiciona enormemente la calidad de su mensaje y por tanto el resultado final.

Afortunadamente son muchos los estudios y avances que la psicología del aprendizaje y del rendimiento han llevado a cabo en relación con preparar las actuaciones con mayores garantías. El paso inicial para conseguirlo tiene que ver con llegar al escenario con los deberes hechos. Es decir, habiendo realizado un estudio efectivo de las obras que van a ser interpretadas. En la primera parte del libro nos centraremos en cómo conseguir mejorar la concentración en las sesiones de estudio y en la importancia de plantear positiva y eficazmente la superación de las dificultades que aparecen. También aprenderemos a fijarnos objetivos adecuados y a comprometernos firmemente en su consecución, lo que también contribuirá a obtener considerables mejoras.

En la segunda parte nos centraremos en la preparación psicológica, adentrándonos en aquellos componentes que son necesarios para ganar confianza y seguridad en las actuaciones. Comenzaremos descubriendo cómo situarnos en niveles de activación físicos y mentales que nos permitan dar lo mejor de nosotros mismos y conseguir un control fluido en la interpretación. También aprenderemos a evaluar las actuaciones como un reto positivo en lugar de como una amenaza. Nuestros pensamientos y las creencias que tenemos sobre nosotros mismos y sobre las actuaciones serán decisivas para ello. La cita sobre el célebre cellista Gregor Piatigorski que aparece en uno de los capítulos lo refleja con claridad:

> «Antes de un concierto me digo a mí mismo, ¡Grisha, no estés nervioso, tu eres el gran Piatigorsky!. ¿Y eso ayuda? —Le preguntó un amigo. ¡No! ¡No creo en mí mismo!»

Grandes intérpretes como los pianistas Vladimir Horowitz y Clara Haskil, el cellista Pau Casals, el violinista Jehudi Menuhin o la cantante Maria Callas tuvieron que vérselas con verdaderos problemas de nervios ante sus actuaciones. Muchos estudiantes en conservatorios y escuelas de música comprueban también que en las audiciones, conciertos o exámenes rinden por debajo de su verdadero potencial, lo que genera frustración y desánimo.

Los últimos capítulos del libro están dirigidos precisamente a aportar más herramientas para conseguir minimizar las interferencias que aparecen en el escenario y maximizar las cualidades positivas de cada músico. La visualización de las actuaciones o el desarrollo de un control fluido del cuerpo son algunas de las más representativas. En el último capítulo veremos que las experiencias más allá del ámbito musical habitual representan también una inestimable ayuda. Como comenta la pianista Maria João Pires, el hecho de que la música clásica y los conciertos sean tan formales genera miedo de por sí. Las propuestas que figuran en este capítulo nos invitan a adentrarnos más allá de los límites del formato habitual de concierto: conoceremos experiencias con un planteamiento más desenfadado (La orquesta en el Tejado de Ara Malikian), con mayor significado social (el proyecto Musethica), o creativas (la improvisación libre). Veremos lo beneficioso de transferir dichas vivencias de libertad y disfrute de retorno a situaciones musicales más tradicionales.

Mediante referencias de numerosas investigaciones y enseñanzas de grandes intérpretes y pedagogos conoceremos información, propuestas y ayudas para emprender mejoras en nuestra preparación de las actuaciones. Mejorar la manera de estudiar nos aportará motivación y mayor seguridad sobre el escenario. Ejercitarnos psicológicamente para la actuación contribuirá a centrarnos más plenamente en la búsqueda de la excelencia y de la comunicación.

Aunque todavía queda mucha investigación por realizar en el campo del rendimiento interpretativo, confío en que reflexionar sobre el contenido y practicar las estrategias que aquí aparecen inicie un camino de mejora. Una positiva brecha por la que alcanzar actuaciones más satisfactorias, y un mayor disfrute al compartir la música con el público. Este ha sido mi propósito.

PRIMERA PARTE

1

BUSCAR LA EXCELENCIA

Interpretar muy bien ... y en público

«No hay mayor dolor que el que lleva una historia no contada
dentro de sí mismo.»
Maya Angelou

Los músicos que disfrutan de buenas experiencias en el escenario se sienten realizados porque son capaces de trasladar con éxito a la sala de conciertos aquello que han elaborado con muchas horas de práctica en su intimidad. La satisfacción de darlo todo y conectar con el público representa el final feliz de una exhaustiva preparación. Sin embargo, la experiencia de numerosos instrumentistas y cantantes muestra que alcanzar un rendimiento óptimo en audiciones, conciertos o exámenes, no es tan sencillo. Los pasajes que salían con precisión se desajustan incomprensiblemente, y la ausencia de control en la interpretación produce desazón e impotencia al no haber podido alcanzar el objetivo.

En la actividad musical existe un matiz importante. No sólo se trata de cantar o tocar muy bien un instrumento musical... sino que además es necesario hacerlo muy bien en público. La diferencia es considerable. Dar el cien por cien del verdadero potencial en una actuación se convierte en un reto que depende de numerosos factores. El equipo que conforman nuestra mente y nuestro cuerpo, que en casa funciona con precisión y fiabilidad, se altera sobre el escenario por infinidad de cambios en elementos tanto externos (iluminación, vestimenta, presencia de público...) como internos (nivel de activación muscular, pensamientos, respiración, procesos bioquímicos ...).

La preparación resulta incompleta cuando nos lanzamos directamente al escenario sin paracaídas. Estudiamos sin tregua las piezas que interpretaremos en una actuación, pero subestimamos un elemento clave en nuestra búsqueda de buenos resultados, las interferencias que surgen repentinamente en el escenario y que inciden en la ejecución:

▶ Lapsus de memoria.

▶ Sucesión incomprensible de errores que conducen a mayor nerviosismo.

▶ Temblor y sudoración en manos.

▶ Respiración entrecortada.

▶ Incremento de la tensión muscular.

▶ Falta de concentración.

Las interferencias "inesperadas", ya sean de naturaleza física o psicológica suponen un verdadero hurto al potencial que lleva el músico al concierto, y representan además un obstáculo en la plena realización musical. El rendimiento desciende, al igual que la motivación.

 Un acto social

Una sólida preparación técnica e interpretativa representa sin duda un requisito fundamental para alcanzar experiencias exitosas en público, pero no es sin embargo el único. Grandes intérpretes como Wladimir Horowitz o Glenn Gould disponían de un talento y una formación musical extraordinarios, pero aún así se vieron obligados a cancelar más de un concierto por no verse capaces de superar el intenso miedo al escenario. Puesto que no somos únicamente un cerebro con manos que tocan sobre un teclado, necesitamos ampliar nuestra visión de lo que incluye una buena preparación para las actuaciones. Las personas nos emocionamos y somos susceptibles de alterarnos ante determinadas circunstancias.

La connotación social de una actuación en público constituye un factor decisivo al respecto puesto que la ansiedad escénica mantiene una intensa relación con la llamada ansiedad social o interpersonal. La ansiedad social se caracteriza por la tensión, miedo o preocupación elevados en situaciones donde podemos ser potencialmente evaluados o juzgados por los demás. Cuando alguien está muy nervioso ante un acto público, su preocupación principal suele centrarse en la opinión que de él tendrán los demás. Lo que en el fondo preocupa a un músico o a un médico que en un congreso va a dirigirse a un auditorio abarrotado de colegas expertos, es la imagen que va a dar a los demás de sí mismo. Es decir, la imagen de competencia, valía, importancia, adecuación, y demás características que consideramos importantes y creemos que los demás tendrán de nosotros a partir de una actuación determinada.

Cuando este factor social condiciona negativamente el rendimiento en las actuaciones es el momento de reflexionar y de realizar cambios. Los mecanismos que utilizamos para hacer música sobre el escenario son a menudo diferentes a los que empleamos durante el estudio. Tanto la naturaleza de los procesos de pensamiento como los de la regulación de la conducta difieren considerablemente, y dan por tanto lugar a resultados diferentes.

Las circunstancias del estudio permiten ejercer mayor control sobre las acciones que realizamos.

Existen numerosos condicionantes durante la actuación que llevan a activar una forma diferente de emplear nuestra mente y nuestro cuerpo.

El propósito de este libro consiste en agitar nuestro cerebro y activar todos aquellos recursos que nos muevan en una buena dirección, es decir, hacia la comunicación eficaz. Los impulsores que nos ayudarán a lograr mejores interpretaciones van a aparecer explícita o implícitamente a lo largo de los capítulos, y están basados tanto en abundantes investigaciones como en el conocimiento de profesionales con dilatada experiencia. Entre dichos impulsores se encuentran:

- La seguridad, la confianza, el valor y la determinación.

- El optimismo, la búsqueda de sentido.

- La flexibilidad, la aceptación, la comprensión.

- La resistencia y la resilencia.

- La capacidad de esfuerzo.

- El equilibrio corporal y la libertad de movimientos.

- La priorización.

- El pensamiento eficaz, la capacidad de visualización, focalizar la atención.

- Manejo de la incertidumbre.

- El compromiso, la perseverancia.

La preparación psicológica, de la que nos ocuparemos en especial en la segunda parte del libro, hace por tanto referencia al cambio de actitud y a nuestro trabajo particular encaminado a maximizar la preparación musical, y a minimizar los efectos perniciosos de las interferencias. No basta con estudiar mucho. Necesitamos estudiar de una forma eficaz y desarrollar todos aquellos recursos internos que nos aportan energía para enfrentar exitosamente las actuaciones. Cuanto mayor sea la calidad y la fuerza de nuestro entrenamiento personal para las actuaciones, menor será el alcance de las interferencias y mayor por tanto nuestro rendimiento real.

Motivación productiva

«Elige lo mejor, la costumbre lo hará suave y fácil.»
Pitágoras

El primer paso hacia mejores actuaciones se inicia concienciándonos de una disyuntiva interesante. En el instante crucial, es decir, momentos antes de una actuación y sin apenas ser conscientes de ello, nuestra mente se debate entre dos alternativas que determinan nuestra disposición y funcionamiento durante el concierto. En esencia, y de forma simplificada, la mente puede estar dispuesta hacia la búsqueda de la excelencia y la comunicación, o por el contrario hacia la evitación del fracaso.

Dependiendo de diversos factores que iremos contemplando, este dispositivo imaginario marcará una orientación u otra.

 **Evitar el fracaso**

«Sólo existe una cosa que puede hacer imposible un sueño: el miedo al fracaso.»
Paulo Coelho

Recuerdo hace años una experiencia significativa que tuve durante un ensayo con una joven orquesta internacional en Polonia. Los violines estábamos atascados en un difícil pasaje de *Las Travesuras de Till Eulenspiegel* de R. Strauss, y el director comenzaba a impacientarse. Al ver que, pese a las múltiples repeticiones, el pasaje seguía conteniendo errores, nuestro enfurecido director decidió hacernos tocar atril por atril, con lo que la presión aumentó al máximo mientras el resto de la orquesta presenciaba expectante la escena. La tensión creada llegó a tal punto que el desastre fue generalizado: brazos rígidos y dedos entumecidos impedían tocar con precisión y seguridad, y la reprimenda que recibimos la sección entera como consecuencia de ello fue monumental.

La mente del músico acaba orientándose en exceso a la evitación de los fallos. Desde niños, en las clases de instrumento o canto, los errores son puestos de relieve con el buen propósito de corregir y mejorar. Sin embargo, la identificación sistemática de errores durante el estudio lleva a muchos músicos a perder la perspectiva en plena actuación, y a verse condicionados y paralizados en el escenario por la aparición de posibles errores. Los errores quedan resaltados en negrita, y su sola evocación produce pánico. Cuando la posibilidad de que ocurran imperfecciones y contratiempos acaba acaparando en exceso la atención del músico, surge el riesgo del desequilibrio. La interpretación sin errores y sin tropiezos parece la motivación principal convirtiéndose prácticamente en una obsesión.

Motivación para ...

EVITAR EL FRACASO   BUSCAR LA EXCELENCIA

En situaciones de presión aflora aquello que perseguimos en lo más profundo de nuestra consciencia. Cuando el miedo escénico nos paraliza, nuestro mayor anhelo consiste en evitar lo que tanto tememos, es decir, el fracaso. La mente anticipa que suceda aquello que está tratando de impedir a toda costa, lo que genera una gran preocupación. El sistema nervioso simpático supera entonces un determinado umbral de excitación, la adrenalina inunda el torrente sanguíneo, y es entonces cuando se origina el caos.

El músico debería ser capaz sobre el escenario de centrarse con facilidad en aquello que quiere obtener, y no en lo que quiere evitar que suceda. Vista la situación con perspectiva, parece absurdo que alguien al que le gusta tanto lo que hace no consiga disfrutar al máximo con ello.

 Buscar la excelencia. Buscar la interpretación. Buscar la comunicación

«No tengas miedo a la perfección. Nunca la conseguirás.»
Salvador Dalí

«No importa si me salto una o dos notas. La dirección principal es lo importante, y parece transmitir lo adecuado a la audiencia. De otra manera habría sido apartado de los escenarios hace años. El público no lo soportaría. Creo que soy el campeón de tocar notas erróneas, pero no me importa. Y al público tampoco parece importarle demasiado.»
Arthur Rubinstein. Pianista

El célebre cellista Mitislav Rostropovich estaba convencido de que una técnica perfecta no es tan importante como hacer música desde el corazón. Su búsqueda personal fue siempre más allá del mero dominio técnico. Rostropovich insistía en tocar por el amor a la música, lo que significa perseguir y profundizar en todos aquellos aspectos que ensalzan la interpretación y la sitúan en un nivel de calidad excelente.

Siendo conscientes de que la precisión en la interpretación representa un aspecto incuestionable, cuando el parámetro principal utilizado para evaluar la valía de un músico lo representa exclusivamente la ausencia de errores, manifestamos una evidente estrechez de miras. La interpretación musical es mucho más que cantar o tocar sin fallos, al igual que una vida plena es mucho más que vivir sin cometer errores. Recuerdo que en los años noventa me encontraba en Alemania y se dio una vacante para el puesto de concertino de la Orquesta Filarmónica de Berlín, cuyo director titular era por aquel entonces Claudio Abbado. Uno de los candidatos para el puesto era el violinista alemán Rainer Kussmaul, profesor de la Escuela Superior de Friburgo en Alemania. Lo que trascendió de la deliberación del jurado fue que las cualidades comunicativas y musicales de Kussmaul lo convirtieron en merecedor de un puesto tan emblemático, que finalmente ocupó entre 1993 y 1997. Otros candidatos eran quizás más correctos, pero el maestro Abbado no tuvo dudas en su elección al quedar cautivado por la enorme calidad de este violinista.

Elegir y buscar la excelencia y la comunicación significa luchar por aquellas cualidades que dan sentido al arte y que generan admiración. Los grandes intérpretes, los profesionales y los estudiantes que mantienen una actitud positiva ante el público lo tienen claro. Su búsqueda personal es la búsqueda del sonido ideal, de la precisión, de una interpretación auténtica, y de las ganas de suscitar la emoción y conectar con la audiencia. Si durante la actuación cometen errores, es evidente que no les agrada, pero el dispositivo interno sigue orientado hacia la búsqueda de la excelencia musical. La ausencia de errores no se convierte en la guía fundamental.

Motivación para ...

EVITAR EL FRACASO   BUSCAR LA EXCELENCIA

Es cierto que cuando un clarinetista realiza una prueba para entrar en una orquesta, los errores se pagan. En ocasiones se presentan más de 150 candidatos para una única plaza y la duración de la prueba de la primera ronda no llega a alcanzar muchas veces ni siquiera los dos minutos. Sin embargo, la disposición psicológica y personal más sana y efectiva tiene mucho que ver con concentrarnos en todo lo bien que lo queremos hacer. Mantener con energía y determinación la intención de lograr calidad, precisión y excelencia en lugar de salir al escenario atenazados por el miedo a fallar, ofrece mejores resultados.

Las investigaciones muestran que una orientación basada en la evitación del fracaso correlaciona altamente con mayores niveles de ansiedad y un peor rendimiento. La razón es clara. Cuando el dispositivo interno se encuentra del lado de la evitación, la mente magnifica en exceso tanto el fracaso en sí mismo, como la posibilidad de que aparezca. A su vez, el pensamiento acelerado y distorsionado conecta atropelladamente error con fracaso, con lo que es comprensible que salten todas las alarmas.

Los estudios también reflejan que las emociones positivas amplían nuestra capacidad de pensamiento y la creatividad. Las emociones positivas incrementan la cantidad de dopamina y serotonina en el cerebro. Estas sustancias químicas, además de hacernos sentir bien, producen un funcionamiento optimizado de los procesos de aprendizaje y de realización de actividades. Cuando nuestro dispositivo musical está positivamente orientado a la excelencia aumenta nuestro rango de pensamiento eficaz y crecen nuestros recursos para la expresión y la comunicación.

El cellista Asier Polo representa un ejemplo de motivación artística y personal orientada a la excelencia. En esta instantánea lo encontramos durante un ensayo en Brasil en 2014.

La preparación completa

«Jacqueline disfrutaba en el estudio de grabación, y estuviera la
luz roja encendida o apagada, tocaba siempre con su mismo
estilo personal.»

El violinista Pinchas Zukerman sobre la cellista Jacqueline du Pré

La formación musical resulta incompleta cuando se centra exclusivamente en cómo tocar un instrumento o cantar, y olvida integrar aspectos como la confianza, la expresión y la comunicación con el público.
La preparación completa para la actuación incluye crear o fortalecer un
programa interno encargado de focalizarnos en la tarea y manejar el
nerviosismo sobre el escenario. Su misión consiste en que a la hora de
la verdad, el dispositivo imaginario que hemos visto anteriormente se
encuentre claramente orientado hacia la búsqueda de la excelencia y la
interpretación.

Este programa interno de optimización que vamos a ir desplegando
a lo largo de los capítulos, se encuentra integrado por componentes
interrelacionados entre sí que podremos identificar a medida que aparezcan. Su funcionamiento coordinado genera las energías para involucrarnos al máximo en la actividad musical durante las actuaciones, y es
fuente a su vez de desarrollo musical y personal. Algunos de dichos
componentes básicos son:

▶ Focalización en la tarea.

▶ Motivación.

▶ Fijación de objetivos.

▶ Pensamiento eficaz.

▶ Concepto de autoeficacia.

▶ Fluir en el estudio y en la actuación.

▶ Reinterpretación de la excitación ante la actuación.

▶ Conexión mente-cuerpo.

A través de la comprensión y la práctica podremos avanzar en la búsqueda del buen rendimiento, y ganar terreno a la sensación de impotencia que genera a menudo el escenario. La comprensión de por qué nos afecta tocar en público contribuye enormemente a saber qué es necesario cambiar para emprender un camino hacia actuaciones más satisfactorias. La práctica eficaz de las estrategias adecuadas nos posibilitará a su vez llegar más lejos en ese camino e incrementar la sensación de control y disfrute ante el público. Se trata de una verdadera conquista personal al servicio de la música en la que es necesario alinear magistralmente lo mental, lo corporal y lo emocional.

A medida que vayamos avanzando con los capítulos, tu gráfico particular del dispositivo de orientación búsqueda de la excelencia/evitación del fracaso te servirá para reflejar cuánto te estás aproximando a unos mayores niveles de control y disfrute al actuar. Recuerda que en el momento de la verdad el dispositivo mostrará el lugar en el que se encuentra la respuesta automática de tu mente. Con el trabajo personal podemos conseguir que la orientación hacia la excelencia sea paulatinamente más robusta y estable.

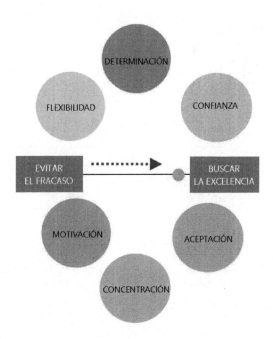

Un trabajo en paralelo

En nuestro reto de optimizar la preparación musical para las actuaciones necesitamos avanzar en dos frentes comunes. Uno de ellos consiste en estudiar eficazmente, el otro aspecto incluye prepararse psicológicamente para la actuación. Ambos aspectos se encuentran conectados y requieren de una visión constructiva, inteligente y positiva.

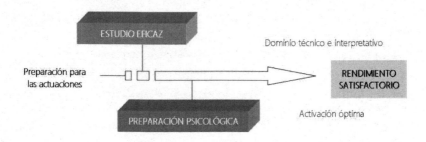

Estudio eficaz

> «Para un músico es importante mantener el nivel de exigencia en la preparación del repertorio y en el estudio personal.»
> *Asier Polo. Cellista y profesor.*

> «Si estoy estudiando una sonata de Beethoven, la sonata tiene que llegar a formar parte de mi sistema motor, por así decirlo, de manera que no necesito pensar a dónde va mi dedo. Necesita llegar a ser una parte orgánica de mí mismo, y eso lleva mucho tiempo.»
> *Vladimir Ashkenazy. Pianista*

Estudiar de forma eficaz es la fuente del dominio técnico y musical que necesitamos para sentirnos competentes y afrontar los retos artísticos con mayor confianza. Si la obra que presentamos al público no está bien trabajada y asentada en movimientos integrados y libres será difícil conseguir actuaciones brillantes. Asimismo, nuestro subconsciente encontrará evidentes argumentos para alertar al mecanismo responsable de la ansiedad.

Del capítulo 2 al 4 nos ocuparemos de las claves del estudio que conduce a mejores resultados y a incrementar el nivel de seguridad y confianza.

Preparación psicológica

«Además, no son sólo los errores; el sonido también cambia. Al encontrarte más tenso al piano tiendes a atacar las teclas de forma diferente, y lo que sale no es bueno. Pero creo en la preparación psicológica, ya que al menos has emprendido algo para combatir el nerviosismo que resulta muy útil en la noche del concierto.»

Youri Egorov. Pianista

«Estudio constantemente una obra como si estuviera actuando... Recreo conscientemente en mi cuarto los impulsos mentales que van a estar presentes de la forma más fiable que puedo, que han estado presentes desde que me aprendí la pieza, que están presentes la semana antes o el día anterior, y que estarán presentes durante el concierto.»

Misha Dichter. Pianista

El complemento para alcanzar actuaciones exitosas lo representa la preparación psicológica, y tiene que ver con el establecimiento de programas de funcionamiento eficaces que permitan controlar la situación escénica satisfactoriamente. Cuerpo y mente conforman una unidad en acción y ambos necesitan dar el máximo de sus posibilidades. La sensación de control fluido sobre el escenario surge como consecuencia de haber alcanzado una disposición personal óptima que en muchos casos es preciso ejercitar.

En los capítulo 5 al 8 nos centraremos en la cuestión de la preparación psicológica y pondremos en marcha los mecanismos internos que nos ayudarán, tanto a encontrar un nivel de activación apropiado sobre el escenario, como a focalizar nuestra mente en la interpretación y la comunicación.

Ideas clave

✓ Lanzarse directamente al escenario sin la conveniente preparación suele ir acompañado de una elevada respuesta de estrés difícil de manejar.

✓ Una buena preparación para la actuación también se encarga de contrarrestar las interferencias físicas y psicológicas que disminuyen el rendimiento del músico.

✓ Los medios empleados para hacer música bajo la presión de las actuaciones son a menudo diferentes a los utilizados durante el estudio.

✓ La orientación personal que pretende principalmente la evitación del fracaso condiciona negativamente el funcionamiento musical.

✓ La orientación hacia la excelencia, la interpretación y la comunicación ofrece un mejor marco para afrontar con éxito el contacto con el público.

✓ La preparación completa incluye el estudio eficaz de las obras que se van a interpretar, y el desarrollo de las habilidades psicológicas y personales que permiten control y seguridad en el escenario.

Practicando

En esta parte final de cada capítulo pasaremos a la acción. Los verdaderos cambios y mejoras que pretendemos sobre el escenario vendrán como consecuencia de pensar de otra manera y practicar con perseverancia estrategias eficaces. Las preguntas para reflexionar y las diferentes experiencias propuestas en este apartado están diseñadas para avanzar en la orientación hacia la excelencia, tanto en el estudio como en las actuaciones. Tu compromiso con tu deseo de superación es imprescindible para lograr una meta que ofrece tantas satisfacciones.

▶ Reflexiona sobre las siguientes preguntas. Te recomiendo escribir sobre un papel las respuestas.

➤ ¿Qué cualidades valoras más en un intérprete?

➤ ¿Qué consideras que es tocar o cantar muy bien?

➤ ¿Por qué crees que en la música clásica especialmente, se tiene tanto miedo a fallar?

➤ ¿Consideras que si pensaras de una forma más global y relativizaras la importancia de los errores en una actuación te ayudaría a centrarte más en la interpretación?

▶ Recuerda las últimas veces que has actuado en público (audiciones, pruebas, exámenes...) y marca dónde situarías tu orientación psicológica en el gráfico "búsqueda de la excelencia/evitación del fracaso". Cada cierto tiempo vuelve a realizar el mismo ejercicio con el fin de comprobar tu evolución.

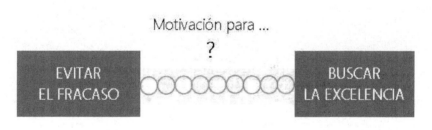

▶ ¿Cuál ha sido tu mejor experiencia actuando en público? ¿Sabes qué pudo influir en ello, o qué condiciones favorecieron tu buen rendimiento?

▶ Escribe una lista con los aspectos que a partir de tu experiencia consideras que son diferentes en una actuación si los comparamos con los que se dan al estudiar. Puedes escribir la lista por categorías: corporalmente - psicológicamente - en relación con el lugar - en relación con la presencia de personas - en cuanto a la actitud...

➤ Uno de los objetivos de una buena preparación para actuar en público consiste en reducir las diferencias que pudieran existir entre ambas situaciones. ¿Qué emprendes normalmente para ello?

▶ ¿Cómo sueles prepararte para tus actuaciones? ¿Qué cambios introducirías a partir de lo que has leído en este primer capítulo?

▶ Escribe en este gráfico aquellas cualidades que consideres importantes para ofrecer un buen rendimiento en público. Incluye en el interrogante algún apartado más que pueda contribuir a actuaciones más satisfactorias.

▶ Una vez hayas escrito las cualidades que consideras que pueden conducirte a mejores actuaciones, prueba a visualizarte a ti mismo en plena actuación ensalzando las mismas.

▶ Desde el punto de vista del estudio, ¿cómo preparas las obras que vas a interpretar en público?

➤ ¿Cómo compruebas si están bien trabajadas?

➤ ¿Sabes si eres capaz de transmitir y comunicar a través de lo que interpretas?

➤ ¿Dispones de un mapa mental claro de las obras?

➤ ¿Sabes cómo reaccionar si en la actuación aparecen fallos inesperados?

➤ ¿Eres capaz de interpretar las obras con libertad de movimientos y aparente facilidad?

2

ESTUDIAR CON EFICACIA

En el presente capítulo vamos a analizar algunos de los elementos principales que configuran un estudio de calidad, un estudio eficaz. Ellos nos ayudarán a emprender un camino más certero hacia nuestros objetivos musicales. La última parte del capítulo la destinaremos a encontrar un equilibrio entre la cantidad del tiempo que dedicamos al estudio y la calidad del mismo.

Componentes del estudio eficaz

En cierta ocasión cuando Pau Casals contaba con 90 años le preguntaron por qué seguía estudiando a su edad, a lo que el maestro contestó:

«Estudio porque siento que estoy haciendo progresos».

La entrañable respuesta del maestro Casals ilustra de forma espontánea una sensación natural: cuando avanzamos nos sentimos bien. No importa la edad en la que nos encontremos, el esfuerzo que nos conduce más cerca de nuestras aspiraciones lo vivimos con satisfacción y nos renueva de energía para perseverar.

Sin embargo, en ocasiones estudiamos con insistencia para llegar a nuestro destino musical ideal pero cometemos el error de subirnos a toda prisa al tren equivocado. La falta de buenos procedimientos de estudio conduce finalmente al desánimo. Así lo muestra la experiencia de numerosos estudiantes que a pesar de invertir un tiempo considerable intentando mejorar su rendimiento no llegan a lograrlo. El mero hecho de estudiar no garantiza progresos. La práctica requiere ser eficaz para dar frutos y así alimentar de ilusión la carrera de fondo que es la música. Este va a ser el argumento principal de este capítulo.

A través de las investigaciones llevadas a cabo en el contexto de la psicología de la música disponemos de interesantes evidencias que nos orientan sobre cuáles son los componentes del estudio eficaz. Dichos componentes se encuentran presentes en músicos experimentados y conducen a los mejores resultados.

Pasamos a mostrar a continuación algunos de los más representativos.

 Evaluaciones constantes

«Estudia y actúa en un contexto donde los 'errores' no sean ni buenos ni malos, sino que sean utilizados como información.» *Mimi Zweig. Profesora de violín en la Universidad de Indiana.*

Cuando nos encontramos trabajando una escala, un estudio o cualquier obra, es necesario saber en todo momento si lo estamos haciendo bien. Los músicos competentes llevan a cabo durante su práctica un exigente control de calidad de cada uno de sus intentos por alcanzar buenos resultados. Su estudio se caracteriza por la combinación de dos elementos complementarios:

▶ La posesión de un elevado canon de excelencia o calidad musical.

▶ La comprobación efectiva mediante continuas evaluaciones de si se alcanza o no ese estándar de calidad.

Algunos ejemplos de evaluaciones concernientes a los resultados sonoros de la ejecución serían:

➤ Genial el sonido en el inicio.

➤ Ahora sí estaba centrado el sonido en los agudos.

➤ Las dos últimas notas estaban altas.

➤ La emisión de la primera nota no estaba clara.

➤ El picado estaba desigual.

Las evaluaciones también pueden tener que ver con aspectos corporales que inciden en la ejecución y que pueden facilitar u obstaculizar un buen funcionamiento:

➤ La muñeca estaba rígida en los desplazamientos de la mano derecha sobre el teclado.

➤ Estaba apretando mucho el labio inferior contra la caña.

➤ Los hombros estaban cerrados y mi postura era caída, lo que ha afectado a la amplitud del sonido.

➤ Ahora sí que estaba abierta la garganta.

Las evaluaciones son clave para avanzar ya que nos permiten afinar la puntería en el próximo intento y emprender las acciones pertinentes para mejorar. Sin la identificación de aquellos detalles que no alcanzan un estándar o nivel de calidad determinado tenderíamos a permanecer estancados. Asimismo, es aconsejable mantener una actitud neutra y constructiva con el fin de sacar el máximo partido al trabajo con este tipo de evaluaciones. Se trata de evaluaciones operativas y prácticas que ofrecen constante *feedback* y permiten ajustar nuestro rumbo en la buena dirección. Si las valoraciones que realizamos durante el estudio son hipercríticas y negativas, estas desestabilizarán el funcionamiento eficaz de nuestra mente y generan inseguridad cuando llegan las actuaciones.

▶ Pregúntate a menudo si tienes activado tu particular control de calidad en diferentes áreas (sonido, interpretación, uso del cuerpo, nivel de concentración...) Ello te ayudará enormemente a permanecer orientado hacia la excelencia en tu trabajo.

▶ Mantén una actitud constructiva y positiva al evaluar tus ejecuciones.

Establecer objetivos de mejora y el compromiso por alcanzarlos

Este componente de calidad se encuentra estrechamente vinculado con las evaluaciones que acabamos de ver. Se trata de objetivos que nos fijamos con el fin de mejorar nuestro nivel de rendimiento actual. Establecer objetivos concretos y comprometerse con su consecución representa una característica destacada del estudio eficaz debido a que las metas activan una potente maquinaria interna que combina factores motivacionales y determinados procesos de pensamiento.

Los objetivos principales en la sesión de estudio tienen que ver con mejorar cuestiones técnicas e interpretativas. Algunos ejemplos serían:

▶ Mejorar la precisión del pasaje de semicorcheas.

▶ Llevar la tensión musical hasta el final de la frase.

▶ Cuidar la calidad del sonido en las notas centrales.

Sin embargo, el arte de fijarse objetivos durante la sesión de estudio incluye otros aspectos importantes que a veces pasan inadvertidos.

▶ Aspectos corporales: mejorar la postura, la posición de las manos, la embocadura u otra parte específica del cuerpo, incentivar la libertad de movimientos.

▶ Aspectos psicológicos: mantener la atención plena en todo un pasaje.

▶ Aspectos emocionales: incrementar o suavizar el nivel de activación emocional con el fin de encontrar un estado favorecedor del buen trabajo y de la interpretación

Formularse preguntas como las siguientes contribuye también a establecer objetivos que dinamizan la actividad del estudio.

▶ ¿Qué quiero mejorar en esta sesión de estudio?

▶ ¿Qué objetivo es prioritario entre las diversas necesidades de este pasaje?

▶ ¿Me encuentro suficientemente comprometido en la consecución de estos objetivos?

Concentración

> «La madurez de un alumno se mide por su manera de estudiar, sin pérdida de tiempo inútil y sin dispersar su atención.»
> *Heinrich Neuhaus. Pianista y pedagogo.*

> «Una hora de pensamiento concentrado tiene igual valor que semanas de práctica irreflexiva.»
> *Fanny Bloomfield-Zeisler. Pianista.*

Nuestro tercer componente del estudio eficaz es la concentración. La concentración consiste en centrar la atención sobre la actividad que se está realizando o el objetivo que se pretende alcanzar, dejando de lado otros estímulos que pudieran interferir en dicha tarea. Los músicos que se concentran plenamente durante su estudio consiguen mejores resultados que aquellos que deambulan entre pensamientos dispersos.

Nuestra "zona de consciencia" incluye un gran número de aspectos de los que somos conscientes aunque no estemos concentrados en ellos. Estos pueden ser tanto externos (objetos, ruidos, el aviso de que ha entrado un mensaje en el móvil...) como internos (todo tipo de pensamientos, emociones...). La "zona de concentración" corresponde al círculo central de la imagen que tienes abajo, y en ella se encuentra la parte de consciencia que se encuentra centrada plenamente en el estudio, en el verdadero aprendizaje. En esta zona se encuentra un elemento clave que se encarga de controlar el flujo de estimulación externo e interno que pretende captar nuestra atención. Este interesante mecanismo consiste en un "programa de autorregulación" que funciona como un escudo de las distracciones que pugnan por nuestra atención. En nuestra mano se encuentra desarrollar y fortalecer este programa de regulación mediante la práctica y el compromiso personal con un estudio de calidad.

La concentración en el estudio musical tiene mucho que ver con permanecer mentalmente activos en la obtención de mejoras. Justo lo contrario de repetir y repetir un fragmento con la mente extraviada en otros pensamientos, o bloqueada en intentos vacíos por hacerlo bien. En la medida en la que hay un objetivo definido, voluntad de alcanzarlo y buenas herramientas de trabajo al servicio de esa voluntad, permanecemos plenamente comprometidos con la tarea. Nuestra zona de concentración se define y las distracciones pierden fuerza.

El aspecto afectivo y motivacional contribuye enormemente a mejorar la concentración. Cuando perseguimos algo a lo que le otorgamos valor tendemos a mantener la atención con naturalidad ideando formas de conseguirlo, y evaluando en todo momento si nos estamos aproximando a la meta. Resulta por tanto aconsejable preguntarnos a menudo si estamos persiguiendo algo realmente valioso durante la sesión de estudio, o por el contrario nos limitamos a tocar o cantar sin un rumbo definido. Conectar el trabajo "rutinario" y necesario de calentamiento (hacer escalas, notas largas etc.) con aspiraciones artísticas o de superación activa el interés y con él la concentración. El famoso trompetista Wynton Marsalis considera que cualquier material que se toque con el instrumento hay que tomárselo como si se tratara de una obra musical importante, incluso si se está calentando.

A continuación dispones de un par de ejemplos de cómo activar la concentración apelando a la motivación artística y generando preguntas.

▶ En relación con trabajar la afinación en algún pasaje, en escalas, etc:

Trabajar bien la afinación me ayudará a destacar progresivamente en esta cualidad. Tocar afinado es una pasada. Me encanta la afinación de violinistas como Milstein, Heifetz, etc. Cuando las maderas en una orquesta tocan muy afinadas el resultado es fantástico.

Preguntas activadoras de la atención:

➤ ¿Distingo claramente cuando está afinada cada nota?

➤ ¿Estoy dirigiendo mi atención a escuchar la afinación de cada nota en este fragmento?

▶ En relación con trabajar el sonido en notas largas:

La buena práctica de notas largas contribuye a mejorar diversos aspectos de mi sonido. Me encanta el sonido de Emmanuel Pahud con la flauta. Preguntas activadoras de la atención:

➤ ¿Cuándo estará bien realizada la nota larga? Clarificar el criterio de calidad.

➤ ¿Se encuentra el sonido centrado y continuo durante toda la nota? La actividad de comprobación de los resultados incrementa la concentración.

Si te das cuenta, la mente se encuentra atareada en varios frentes. Por un lado otorgando un valor positivo a lo que pretendemos alcanzar (afecto positivo), pero también concretando la tarea, estableciendo un criterio de cuándo estará bien realizada, y comprobando una y otra vez si lo logramos. Cuando la práctica musical se encuentra dirigida con equilibrio por el pensamiento y acompañada por la emoción estamos más concentrados y obtenemos mejores resultados. Entre otras tareas, el pensamiento y la emoción se encargan de:

▶ Fijar objetivos valiosos y estratégicos.

▶ Anticipar acciones o resultados. El famoso cellista y profesor Janos Starker concedía una gran importancia a la anticipación, y afirmaba que era esencial escuchar en la mente la música antes de tocarla.

▶ Comprobar si se consiguen o no los objetivos propuestos.

▶ Tomar decisiones y desear alcanzar de nuevo el objetivo: repetir o no, utilizar una estrategia u otra, perseverar.

El pedagogo del piano Heinrich Neuhaus comenta en su libro *El arte del piano* la admirable capacidad de su alumno Sviatoslav Richter para centrarse plena e intensamente en un pasaje de diez compases, y conseguir después de dos horas de trabajo los mejores resultados. El deseo de Richter por alcanzar la excelencia artística actuaba como un potente activador de la concentración. En términos generales, la escucha absorbente del sonido y de la interpretación excluye otros pensamientos ajenos y favorece la construcción de circuitos de aprendizaje sólidos. En la medida en la que somos capaces de atender selectivamente a los aspectos relevantes de la ejecución establecemos las bases para el progreso. Además de ello, ejercitar la concentración durante el estudio también revierte positivamente en mantenernos centrados en la interpretación durante las actuaciones. La dispersión mental al estudiar se traduce a menudo en un mayor índice de distracciones en público.

 Capacidad de resolución de problemas

> «No podemos resolver problemas pensando de la misma manera que cuando los creamos.»
> *Albert Einstein*

Cada problema o dificultad que surge durante el estudio supone un reto que demanda una disposición constructiva y creativa para su solución. Los músicos competentes son estratégicos y grandes resolutores de problemas. Es decir, tienden a utilizar buenos procesos de trabajo que les llevan a conseguir los resultados que están buscando en lugar de limitarse a repeticiones fatigosas y sin sentido.

Una premisa esencial para resolver los problemas consiste en otorgar un valor positivo a la tarea de superar dificultades. Pensar de esta manera favorable aporta una gran ventaja ya que mejorar en la música, como en cualquier otra disciplina, supone enfrentarse una y otra vez a retos que se encuentran por encima de nuestro nivel actual de competencia. Cuando nos estresamos excesivamente ante las dificultades y las rehuimos desaprovechamos una oportunidad única para mejorar. Si por el contrario cultivamos una actitud positiva ante los problemas estaremos en mejor disposición de encontrar soluciones.

Muy a menudo le otorgamos a la repetición la única responsabilidad de solucionar los problemas que aparecen. El profesor Gerhard Mantel en su libro *Einfach Üben* lo denomina el "enfoque de la esperanza". Confiamos que repitiendo una y otra vez el pasaje que se nos atraganta acabará saliendo. Sin embargo, lo que realmente necesitamos para ser más eficaces resolviendo las dificultades consiste en incluir en nuestro trabajo una aproximación analítica y creativa. Formularnos preguntas sobre los problemas que se presentan nos ayudará a activar procesos naturales y efectivos de pensamiento.

Aunque en el próximo capítulo profundizaremos sobre la resolución de problemas, aquí dispones de algunos ejemplos de preguntas activadoras.

▶ ¿Cuál es el problema en concreto?
Un pasaje que sale sucio. No consigo afinar determinadas notas...

▶ ¿Qué me impide actualmente conseguir lo que pretendo?
Necesito observar y analizar los elementos que entran en juego y sus posibles conexiones.

▶ ¿Qué puedo modificar o introducir para resolverlo?
Probar. Informarme sobre potenciales soluciones.

 ## Altos niveles de motivación

«Todo método que intenta hacer beber a un caballo sin sed, es rechazable. Todo método es bueno si abre el apetito de saber y estimula la necesidad poderosa de trabajar.»
Célestin Freinet. Pedagogo.

Nuestro último componente del estudio musical eficaz es la motivación. La motivación es la fuente de la energía que lleva a niños, jóvenes y adultos a perseverar con ilusión en la música. Cuando el deseo por avanzar está presente, tanto la calidad como la cantidad del estudio se incrementan, lo que incide positivamente en los resultados y retroalimenta el deseo de seguir mejorando.

Sentirnos capaces y competentes es uno de los impulsores más poderosos de los que dispone la motivación. El concepto de autoeficacia, que estudió en profundidad el psicólogo Paul Bandura, hace referencia a el sentimiento de eficacia personal que cada uno poseemos en relación con una actividad o disciplina. Si confiamos plenamente en nuestra capacidad para alcanzar nuestros objetivos musicales sentimos brotar en nuestro interior con más fuerza las ganas de estudiar y perseverar.

Mejorar el concepto de autoeficacia en los estudiantes incide positivamente en cómo se sienten en relación con la música y con ellos mismos. Dos aspectos que pueden contribuir a conseguirlo tienen que ver con establecer en cada momento:

> Las metas adecuadas:
> Deben ser estimulantes y encontrarse en un nivel de dificultad ligeramente superior a las posibilidades momentáneas del alumno.

> Promover los medios más apropiados para alcanzarlas:
> Enfatizando la calidad del proceso de consecución de esas metas, y teniendo en cuenta las características particulares de cada músico.

Muchos niños y jóvenes pueden recuperar su ilusión por el estudio musical si modifican algunos planteamientos de su aprendizaje. Sentirse válido y competente es imprescindible para preservar la ilusión y las ganas de estudiar. Este es uno de los motivos por el que aprender a estudiar eficazmente resulta tan decisivo. Recordemos las palabras del maestro Casals al principio de este capítulo, quien a los 90 años continuaba estudiando porque sentía que estaba haciendo progresos. En el capítulo 4 entraremos de lleno en el apasionante tema de la motivación.

Imagen resumen de los 5 componentes presentes en el estudio musical eficaz.

Una aportación personal

En la investigación que realicé hace unos años con motivo de mi tesis doctoral me centré en tres de las características que acabamos de ver sobre el estudio eficaz: evaluaciones, objetivos y resolución de problemas. El estudio fue llevado a cabo con estudiantes de instrumento musical de diversos conservatorios españoles de grado profesional y superior. Mi objeto de estudio en el marco de la psicología cognitiva consistía en averiguar la relación existente entre los procesos de regulación del pensamiento que activaban los alumnos al estudiar (regulación metacognitiva) y la evaluación que sus profesores hacían de su rendimiento.

Los resultados mostraron que los estudiantes más brillantes aprovechaban al máximo su tiempo de estudio. A través de una retroalimentación constante atendían a información inmediata de sus ejecuciones y de sí mismos, lo que les llevaban a avanzar más satisfactoriamente. Además, estos estudiantes permanecían muy activos mentalmente, lo que les conducía a mejorar sus resultados. Las conclusiones principales fueron que los estudiantes que mejores calificaciones recibieron por parte de sus profesores presentaban durante sus sesiones de estudio:

▶ Mayor número de evaluaciones relacionadas con su ejecución y con aspectos relacionados con el aprendizaje.

▶ Más objetivos de mejora.

▶ Un planteamiento más estratégico a la hora de resolver problemas y optimizar sus resultados.

Los resultados también mostraron que los alumnos de grado superior activaban significativamente más estos procesos psicológicos de regulación y control que los estudiantes de grado profesional. Este incremento observado a la hora de realizar evaluaciones, fijarse objetivos y utilizar estrategias, viene a corroborar que en la medida en la que el nivel de los estudiantes aumenta, aumenta también su efectividad en la manera de trabajar (ver figura de abajo). Si tienes interés en conocer en mayor profundidad los resultados de esta investigación en la web dispones gratuitamente del texto completo.

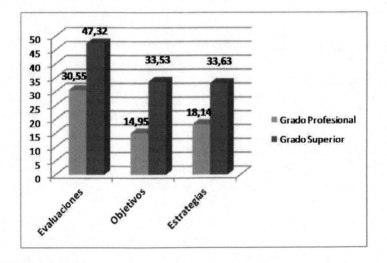

Medias del número de pensamientos llevados a cabo por los estudiantes en una sesión de estudio de 30 minutos. Los pensamientos registrados están diferenciados por categorías (evaluaciones, objetivos y estrategias de resolución) y por nivel académico. García Martínez, Rafael (2010) "Evaluación de las estrategias metacognitivas en el aprendizaje de contenidos musicales y su relación con el rendimiento académico musical". Tesis doctoral. Universidad de Valencia Ediciones.

Cantidad y calidad del estudio

«Tengo que ser sincero. Odio estudiar. Nunca me ha gustado.
Pero es necesario. Tengo que hacerlo porque amo tocar.»
Jorge Bolet. Pianista.

Después de haber revisado algunos de los principales componentes del estudio eficaz vamos a centrarnos en la importancia del equilibrio entre la cantidad y la calidad del estudio. El hecho evidente que se desprende de las investigaciones es que el estudio es un irrenunciable camino hacia el buen rendimiento musical. Necesitamos tiempo para aprender, y más todavía si se trata de aprendizajes que incluye componentes motrices.

En su libro *El violín interior*, Dominique Hoppenot resalta que dificultad e interpretación son incompatibles. El público no puede seguir satisfactoriamente una obra que no transmita facilidad. Sin el dominio por parte del músico de los recursos de la sonoridad, la afinación o el ritmo, las interferencias que ello supondría en la presentación del mensaje musical impedirían una experiencia musical de calidad. Mediante la práctica, lo inicialmente difícil se vuelve natural y accesible.

En la medida en la que conseguimos dominar las dificultades técnicas e interpretativas de una obra, una importante parte de la acción musical queda automatizada. Gracias a que los esquemas musculares y mentales básicos de la ejecución se encuentran ampliamente consolidados podemos centrarnos con mayor plenitud en la música. La facilidad ganada mediante el estudio actúa como un trampolín que nos conecta con el mundo de las emociones, la comunicación y su canalización eficaz a través de la música. El estudio resulta por tanto necesario para encontrar seguridad y libertad en la interpretación.

 ¿Cantidad o calidad?

«La técnica del estudio es más importante que el estudio de la técnica.»
Franz Liszt

Las investigaciones del psicólogo K. Anders Ericsson realizadas en los años noventa tuvieron una gran repercusión y parecían confirmar que la cantidad de horas dedicadas al estudio representa un fiable predictor del nivel del rendimiento musical. Ericsson afirmaba que eran necesarias unas 10.000 horas de estudio acumulado para alcanzar un nivel musical excepcional.

Sin embargo, no se puede inferir de estas investigaciones que dedicar una gran cantidad de tiempo a estudiar garantice un buen rendimiento musical. Aunque la cantidad del estudio es importante por evidentes razones que tienen que ver con los procesos de aprendizaje, si el estudio no es de calidad el recorrido del músico es evidentemente menor. Investigaciones posteriores han cuestionado el excesivo acento puesto a la cuestión cuantitativa, y atribuyen el buen rendimiento musical a la presencia e interacción de diversas variables.

Asimismo, es indudable que la cantidad sin control lleva a consecuencias poco deseables tanto en el plano físico como en el psicológico. Estudiar inadecuadamente y más de lo aconsejable suele producir molestias y lesiones que más que favorecer el proceso de avance representan un obstáculo. Tendinitis, hombros y cuellos rígidos, labios inflamados o incluso distonías focales, son muy a menudo la consecuencia de forzar en exceso la maquinaria cuerpo/mente.

 ¿Cuánto hay que estudiar entonces?

«El estudio no es trabajo forzoso; se trata de un arte refinado que participa de la intuición, de la inspiración, la paciencia, la elegancia, la claridad, el equilibrio y, sobre todo, de la búsqueda de cada vez mayor alegría en el movimiento y la expresión.»
Yehudi Menuhin. Violinista

La combinación de buen trabajo y suficiente tiempo de dedicación tiene mucho que ver con obtener los mejores resultados. Catherine Cho, profesora de violín del departamento de pregrado de la Juilliard School de Nueva York, enfatiza la necesidad de que los niños estudien adecuadamente y que aprendan a pensar por sí mismos. En cuanto al tiempo dedicado a la práctica diaria en los niños que presentan un alto grado de motivación musical, Cho considera que a la edad de 7 a 9 años, 30 minutos a una hora de estudio diario focalizado resulta suficiente. Cuando los niños tienen de 9 a 11 el tiempo aconsejable se sitúa en torno a las dos horas.

Catherine Cho destaca que cuando los niños se sienten satisfechos y contentos mediante una buena práctica no necesitan ayuda en relación con la motivación ya que su autoestima sube muy rápidamente. La tendencia natural en ellos es que estudien lo que necesitan. Este hecho señalado por la profesora de la Juilliard School recuerda lo que hemos visto en el apartado anterior sobre la motivación y el estudio eficaz. El sentimiento de autoeficacia despierta un disfrute natural por la práctica musical y conecta de una manera magistral los aspectos cuantitativos y cualitativos del estudio.

En general resulta recomendable estructurar el estudio en bloques que no excedan los 50 minutos, aunque en ocasiones las unidades de trabajo puedan ser ligeramente menores o mayores. Lo importante en todos los casos es concebir el tiempo de estudio como tiempo de calidad en el que la concentración y la energía se encuentran en un alto nivel. Por este motivo es conveniente blindar cada unidad de 50 minutos comprometiéndose con un trabajo productivo, y evitando distracciones innecesarias (móvil, correo electrónico, etc.).

Tras cada bloque de trabajo focalizado es conveniente realizar un breve descanso de aproximadamente 5-10 minutos de duración en el que distraerse y permitir al cuerpo movimientos diferentes. La musculatura y el cerebro necesitan oxigenarse y salir por un momento de su elevado ritmo de trabajo. Estudiar mucho tiempo seguido sin planificar descansos suele conllevar un descenso enorme de la concentración, repeticiones sin sentido, agotamiento muscular, y la comisión de muchos más errores que conducen al no aprovechamiento del trabajo.

La respuesta a la pregunta de cuánto es conveniente estudiar va a depender de variables como:

▶ La edad y el nivel académico o de competencia.

▶ El nivel de aspiración particular.

▶ Las características psicológicas y fisiológicas de cada músico.

▶ El instrumento musical.

▶ El grado de efectividad de la práctica.

▶ El volumen de material a trabajar.

▶ El valor otorgado a posibles compromisos o actuaciones.

A modo orientativo, y según se desprende de diversas investigaciones realizadas en el contexto europeo, los estudiantes de grado superior estudian una media aproximada de 25 horas por semana. Los pianistas aparecen como los que más horas dedican al estudio, seguidos de los instrumentistas de cuerda. Los que menor tiempo dedican por razones obvias son los cantantes e instrumentistas de metal.

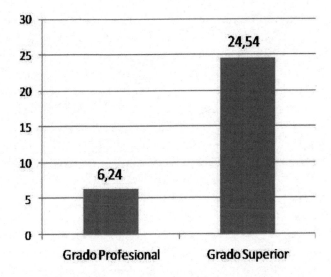

Gráfica de la media del número de horas por semana de estudio instrumental. Los datos proceden de una muestra de estudiantes de diversos conservatorios españoles. Ver en la bibliografía "Evaluación de las estrategias metacognitivas en el aprendizaje de contenidos musicales y su relación con el rendimiento académico musical".

Algo que parece común en la mayor parte de solistas y profesionales es haber dedicado en su juventud una gran cantidad de horas y esfuerzo continuado a desarrollar habilidades técnicas y musicales. Una vez consolidadas, muchos de ellos necesitan estudiar menos para mantenerse en forma y hacer frente exitosamente a sus compromisos. Existen no obstante excepciones conocidas como es el caso de la violinista japonesa Midori, quien cuando no se encuentra de gira suele estudiar de 4 a 6 horas diarias. La misma Midori dice con cierto sentido del humor que cuando estudia menos de 4 horas, su violín que es nada menos que un Guarnerius del Gesù, empieza a ponerse un poco celoso.

La célebre Alicia de Larrocha tenía verdadera pasión por el estudio. Lo primero que quería saber cuando llegaba al aeropuerto en sus giras era dónde había un piano para poder estudiar. En cierta ocasión en la que se encontraba de gira en Sudáfrica le ocurrió una comprometida anécdota. La pianista estaba muy concentrada estudiando durante horas en una sala que le habían conseguido y de repente se quedó a oscuras. Al parecer acababan de cerrar el edificio sin percatarse de su presencia y pese a su insistencia nadie conseguía oírla. Finalmente y a oscuras pudo hacerse con un milagroso teléfono y logró llamar al promotor del concierto para que la rescatara.

La pianista Alicia de Larrocha en concierto con la Orquesta Filarmónica de Nueva York en 1995.

El mensaje final en relación con el estudio musical es positivo. Si aprendemos a trabajar de una forma eficaz e inteligente no sólo podremos hacer más con menos tiempo, sino que además las mejoras que ello produce nos conducirá a estar más positivamente motivados.

Siguiendo nuestro recorrido por el estudio de calidad, en el próximo capítulo veremos la conveniencia de plantear el estudio en diferentes fases con el fin de sentar con mayor solidez las bases de las obras que van a ser interpretadas en público.

Ideas clave

✓ Las evaluaciones que se realizan de las ejecuciones y de otros aspectos del aprendizaje contribuyen a mejorar el rendimiento y a mantener el interés por la calidad del trabajo.

✓ Fijarse objetivos de mejora y comprometerse con su consecución activa una efectiva maquinaria de procesos psicológicos clave para un buen aprendizaje.

✓ La focalización de la atención durante el estudio es esencial para obtener buenos resultados. La concentración tiene mucho que ver con permanecer mentalmente activos en el estudio.

✓ Una actitud positiva, analítica y creativa facilita la resolución de los problemas que aparecen en el estudio.

✓ El sentimiento de valía y eficacia es un potente motivador en la actividad musical. Entre otras formas podemos incentivarlo mediante el ajuste de las metas al nivel de competencia de cada músico.

✓ Introducir mejoras en cada uno de los componentes del estudio eficaz representa una buena forma de optimizar el estudio.

Practicando

▶ Reflexiona sobre las siguientes preguntas:

> ¿Por qué consideras que es necesario estudiar?

> ¿Podrías escribir una definición de estudiar?

> ¿Qué crees que te puede aportar estudiar un instrumento musical o canto?

▶ Aprende a formularte preguntas que le den sentido a tu práctica durante el estudio. Trabajar con un fin en mente mejora aspectos como la motivación y la concentración. Aquí tienes algunos ejemplos:

> ¿Qué me puede aportar trabajar este estudio, esta escala, esta obra, este pasaje ...?

> ¿Qué sentido tiene cuidar la postura y la libertad de movimientos?

> ¿Con qué fin estoy haciendo estas repeticiones?

 Preparando la sesión de estudio

Dedicar un par de minutos a prepararte corporal y mentalmente antes de estudiar hará más efectivo tu trabajo.

▶ Realiza una selección de estiramientos que contribuyan a tomar consciencia de ti mismo.

> Utiliza preferiblemente un espejo para comprobar cómo es tu postura y tu utilización corporal.

> Sé consciente de las sensaciones corporales y compáralas con lo que observas en el espejo.

▶ Piensa en tu próxima clase o compromiso (audición, examen, recital...).

> ➤ Teniendo en mente tus próximos compromisos, reflexiona sobre los aspectos más relevantes en los que quieres trabajar en la sesión de estudio actual.

▶ Prepárate para activar tu consciencia sensorial. Sé consciente de tus sensaciones auditivas, corporales y visuales.

> ➤ Escuchar con atención: clarifica los aspectos que quieres cuidar (afinación, calidad del sonido, tempo...).

> ➤ Notar tu cuerpo: cómo sientes tu postura, tus movimientos, si estás libre.

> ➤ Observar a través de la vista: directamente (tus manos...), mediante un espejo, breves grabaciones de video.

> ➤ Tener a mano elementos externos ayuda a comprobar más objetivamente estas tres áreas: metrónomo, afinador, grabadora de audio y video, espejo, algún compañero... Lo importante es disponer de una retroalimentación fiable.

▶ Prepárate también para activar tu consciencia cognitiva y emocional. Sé consciente de tus pensamientos y emociones. Presta atención para comprobar:

> ➤ Si tienes objetivos claros.

> ➤ Si estás concentrado, o bien pensando en otra cosa diferente.

> ➤ Si te encuentras impaciente o agotado mentalmente.

Concentración

▶ Si pretendes mejorar la atención en tu trabajo te ayudará conocerte mejor a ti mismo con el fin de identificar:

> ➤ En qué momento dejas de estar concentrado. De esta

forma podrás reconducir inmediatamente tu atención al trabajo o bien buscar maneras de permanecer más activo en el estudio.

➤ Qué factores te llevan a estar más centrado (variar el orden de estudio, trabajar más por la mañana o por la tarde, sesiones de estudio más cortas, objetivos más motivadores ...)

➤ Qué factores te impiden o dificultan estar centrado (prisas, desorganización, falta de motivación o interés, ausencia de objetivos definidos ...)

▶ La concentración puede ejercitarse y fortalecerse poco a poco. Para ello es fundamental crear el hábito de mantener tu foco de atención en la tarea en curso excluyendo cualquier distracción. Se trata de sellar un compromiso contigo mismo a través del cual blindas los bloques temporales que dedicas al estudio. Recuerda la imagen que vimos en el capítulo.

➤ El círculo central representa aquello en lo que nos queremos centrar y que va a hacer más efectivo nuestro estudio.

➤ Recuérdate a menudo la importancia de mantenerte concentrado.

➤ Conecta lo que estés trabajando con aspectos que te motiven artística o personalmente.

➤ Comienza a ejercitar la concentración por períodos de 10 minutos:

☑ Plantea diversos objetivos para trabajar antes de comenzar.

☑ Asegúrate de que te encuentras en una buena disposición corporal (postura y soltura) y mental (actitud centrada y con interés).

☑ Comienza a trabajar comprometiéndote a permanecer activo mentalmente para obtener mejoras en la calidad de lo que ejecutas (escucha, toma decisiones de si repites o cambias de estrategia, hazte preguntas para clarificar lo que quieres conseguir, realiza evaluaciones constructivas ...)

☑ Mantente alerta para comprobar si te has salido del camino, si te has ido del círculo central (foco de concentración en la tarea) y reconduce con suavidad tu atención al trabajo si fuera necesario.

☑ Utiliza palabras clave para recordarle a tu mente que permanezca en el círculo central: Me centro. Calidad. Sonido. Afinación. Excelencia ...

☑ Puedes valerte del temporizador del móvil para desentenderte del tiempo de forma que sea la alarma la que te obligue a detenerte a los diez minutos.

☑ Cuando acabes realiza una evaluación de cómo ha ido tu nivel de concentración.

➤ Ve aumentando progresivamente el tiempo de estudio concentrado hasta que encuentres natural permanecer atareado introduciendo mejoras, tomando decisiones, resolviendo dificultades, buscando la calidad, construyendo la excelencia.

Complementar el estudio

Al margen del estudio propiamente dicho resulta interesante incluir otras actividades que sirvan de complemento y ampliación del trabajo vocal o instrumental. Algunas de las más comunes son: estudio mental, técnicas corporales para incrementar la consciencia y la libertad de movimientos, ejercicio físico, escuchar grabaciones, lecturas (sobre temas de música, aprendizaje o psicológicos), improvisar, análisis de partituras ...

 Diario de estudio

Dedicar un rato a la semana a evaluar brevemente cómo ha ido tu estudio durante esos siete días puede ayudarte a incrementar su calidad. Consigue una libreta y escribe una vez por semana un breve resumen de aquellos aspectos de tu estudio más relevantes: en qué te has centrado más, cuáles han sido tus dificultades, cómo las has trabajado ...

En el diario también puedes incluir un espacio semanal donde realices una valoración en cada uno de los componentes del estudio eficaz que hemos analizado en el capítulo. A continuación dispones de un posible modelo que puedes utilizar.

Semana 1 (fecha)

✓ Evaluaciones

_____

_____

_____

_____

Marca el alcance de tu rendimiento en este componente durante esta semana:

1 2 3 4 5 6 7 8 9 10

✓ Fijación de objetivos

_____

_____

_____

_____

1 2 3 4 5 6 7 8 9 10

✓ Concentración

_____

_____

_____

_____

1 2 3 4 5 6 7 8 9 10

✓ Resolución de problemas

_____

_____

_____

_____

1 2 3 4 5 6 7 8 9 10

✓ Motivación

_____

_____

_____

_____

1 2 3 4 5 6 7 8 9 10

3

LAS ETAPAS DE ESTUDIO DE UNA OBRA

«El verdadero modo de no saber nada es aprenderlo todo a la vez.»
George Sand.

Una obra pasa por diversas fases hasta ser interpretada en el escenario. Mientras se afianzan las destrezas y se memorizan los movimientos cada tramo de este recorrido incorpora mejoras y nuevas perspectivas. Se trata de un interesante proceso de construcción que se produce en nuestro interior y que una vez concluido es disfrutado por el público.

A pesar de la gran diversidad individual y de los diferentes enfoques en la manera de abordar el estudio musical, parece existir bastante acuerdo en cuanto a la evolución natural que sigue el aprendizaje eficaz de una obra. En el presente capítulo nos vamos a ocupar de conocer precisamente las claves de cada una de estas etapas con el objetivo de contribuir positivamente a una sólida preparación para las actuaciones.

 Dos interesantes ejemplos

Las actuaciones del prestigioso cuarteto Casals en salas como el Carnegie Hall de Nueva York o la Musikverein de Viena son el fruto de un cuidadoso proceso de estudio y preparación. Según describe Abel Tomàs, violín de dicho cuarteto, cada nueva obra trabajada pasa por diferentes etapas en las que se incorporan diversos ingredientes que configuran la esencia de sus versiones. En una fase inicial el cuarteto lee la obra y genera una primera representación mental "Vorstellung" que incluye entre otros aspectos, un análisis formal, la escucha de diferentes versiones, el establecimiento de arcos y digitaciones, y el estudio individual. Este primer contacto prepara el terreno para las fases posteriores, en las que se afrontan concienzudamente las dificultades mediante diferentes estrategias y consensuando decisiones tanto técnicas como interpretativas. A través de un trabajo intenso y una búsqueda constante de la excelencia la obra toma cuerpo y va madurando. Finalmente, y antes de la actuación en público, el cuarteto realiza una grabación de audio con el fin de ponerse a prueba, evaluar los resultados, e introducir las mejoras pertinentes.

El Cuarteto Casals durante una actuación en el Carnegie Hall de Nueva York en 2009.

A nivel individual, los músicos experimentados también activan una eficaz maquinaria de estudio. La solista María Rubio es un muy buen ejemplo de ello. Esta destacada trompista, invitada asiduamente por la Orquesta Filarmónica de Berlín y reconocida por su brillante carrera como solista, realiza un exhaustivo proceso de preparación para sus conciertos. Cuando María Rubio interpretó el concierto nº 2 de Richard Strauss para trompa acompañada por la Orquesta de Valencia incluyó un interesante esquema de preparación:

▶ Análisis de las exigencias técnicas y musicales de la obra, y puesta en marcha de una continuada e intensa práctica.

▶ Trabajo inicial en unidades reducidas con el fin de abordar de forma más específica las dificultades.

▶ Ampliación posterior de la extensión de estas unidades en una búsqueda constante de la calidad musical.

▶ Preparación de la actuación en público, que incluye aspectos como:

➤ La resistencia del labio para aportar fiabilidad y garantizar su mejor rendimiento.

➤ Visualizar la situación de concierto.

➤ Tocar sin interrupciones de principio a fin con la intención de entrenar la capacidad de mantener la atención y el buen rendimiento durante todo el transcurso de la obra.

▶ Pases públicos del concierto con anterioridad a las actuaciones principales.

La solista María Rubio actuando con la Orquesta de Valencia en 2013.

La práctica de calidad tiene mucho que ver con identificar el punto de partida en el que uno se encuentra, echar un claro vistazo hacia dónde se pretende llegar, y desarrollar las estrategias más acertadas para conseguir unos buenos resultados.

Tras los interesantes ejemplos del cuarteto Casals y de la solista María Rubio vamos a mostrar una propuesta de estudio para las actuaciones compuesta por cuatro etapas. Las fases que vamos a ver presentan un carácter general, flexible y orientativo. Pueden existir por tanto variaciones en las mismas debidas a la diversa naturaleza de los instrumentos musicales y del canto, y a otras variables como el nivel de competencia individual o las preferencias personales.

Las fases son:

▶ Fase de lectura.

▶ Estudio específico de las dificultades.

▶ Profundización y ampliación.

▶ Mantenimiento y puesta a punto para la actuación.

Fase de lectura

«Cuando me acerco por primera vez a una obra recorro la partitura, escucho grabaciones, hablo con la gente para ver sus impresiones, e intento generar mi propia interpretación desde el comienzo.»
Hilary Hann. Violinista.

A través del proceso de lectura se genera una imagen global de la obra en su conjunto. Esta especie de mapa interno está compuesto por:

▶ La imagen sonora de la obra y su estructura.

▶ Impresiones físicas (cinestésicas, musculares) asociadas a los primeros contactos.

▶ Pensamientos, evaluaciones y emociones durante el proceso de lectura.

El contacto inicial con una obra queda muy grabado en la memoria. Igual que un cuño de tinta puede dejar una impresión nítida o borrosa sobre el papel, los primeros pasos con el nuevo material de estudio ejercen una influencia considerable sobre el trabajo posterior, e incluso sobre las actuaciones.

El mayor error que se suele cometer en esta primera fase consiste en precipitar y forzar la lectura. Es decir, pretender que el resultado en estas primeras aproximaciones sea ya el definitivo (tempo especialmente) cuando el nivel de competencia no lo permite. Las consecuencias de esta actitud son evidentes: excesiva tensión muscular, infinidad de errores de lectura, interpretaciones estereotipadas y una huella borrosa en la memoria con desafortunadas consecuencias. El esfuerzo que se requiere posteriormente para desaprender muchos de los errores y patrones negativos grabados en este primer contacto es considerable. Además, numerosos tropiezos e inseguridades que suceden cuando llega el momento de una actuación se derivan de una fase de lectura deficiente y atropellada.

 Propuestas para una fase de lectura más efectiva

▶ Mantener abiertos los canales del aprendizaje sin generar tensiones innecesarias. La actitud favorecedora para ello tiene que ver con despertar la curiosidad, el interés, la expectación, la neutralidad, el optimismo y las ganas de explorar e indagar el nuevo material de trabajo.

▶ Cuidar la precisión en la lectura con el fin de que no se adhieran errores costosos de erradicar. Lo ideal es emplear tempos cómodos que permitan una lectura serena y de calidad.

▶ Descubrir con curiosidad y gusto cómo se suceden las ideas musicales, el carácter de la obra, lo que nos sugiere.

▶ Identificar las dificultades que van a empezar a trabajarse en la fase posterior.

▶ Mantener una actitud emocional equilibrada. Si la activación emocional es elevada se incrementa la tensión muscular y somos menos conscientes de lo que hacemos.

▶ Concederle importancia a leer con buena postura y libertad de movimientos. De esta forma generamos una actitud corporal beneficiosa para las siguientes fases de trabajo.

▶ Cuidar la calidad sonora en el proceso de lectura.

Aunque se infravalora a menudo esta fase, en ella se sientan las bases del trabajo posterior y del rendimiento de la obra en situaciones de presión, como pueden ser audiciones, pruebas o exámenes. Cuanto más natural sea la aproximación a la partitura menores resistencias y tensiones generaremos, y menos interferencias aparecerán en el futuro. Podemos concebir esta fase como el trabajo inicial que un alfarero lleva a cabo con un trozo de barro del que finalmente surge una bella artesanía. Dejemos que vaya emergiendo entre nuestras manos la figura básica. Después será retocada y completada con pintura o barnices.

Gráfico lineal que representa las fases habituales de estudio para las actuaciones: Fase 1. Lectura.

Estudio específico de las dificultades

> «La enseñanza en realidad consiste no en decirle a alguien lo que tiene que hacer, sino en enseñarle a pensar, a formularse sus propias preguntas.»
> *Daniel Barenboim. Pianista y director.*

En esta fase comienza el estudio propiamente dicho. Ya disponemos de una imagen global de la obra, de una idea más clara de lo que pretendemos conseguir y las dificultades principales han quedado identificadas. Ahora es el momento de avanzar y conquistar terreno. Para tal fin, la estrategia más utilizada por los músicos expertos consiste en centrarse en fragmentos reducidos en los que analizar y solucionar los problemas que se presentan.

Trabajar con pequeñas unidades contribuye a superar más efectivamente las dificultades. Cuando el famoso cellista Yo-Yo Ma era niño su padre le hacía memorizar sólo dos compases al día de una de las suites de J. S. Bach. Con el paso de los meses el resultado era sorprendente. Cuando Yo-Yo Ma se convirtió en un cellista consagrado insistía en la conveniencia de simplificar las dificultades. Ma considera que los problemas complejos suelen llevar a sentirnos tensos durante el trabajo, mientras que si se descomponen en elementos básicos es posible abordar cada elemento sin estrés.

Las siguientes propuestas pueden ayudarte a sacar el máximo partido a esta fase de trabajo:

> Establecer criterios de calidad.

> Aprender a resolver problemas.

> Buen uso de las repeticiones.

Establecer criterios de calidad

Al igual que sucede en el proceso de elaboración de los mejores productos, al estudiar es conveniente someter a controles de calidad exigentes todo aquello que realizamos. De esta manera cuidamos cada elemento que se incorpora a la memoria muscular asegurando su buen ensamblaje y la construcción fiable de la obra que pretendemos interpretar en el futuro. Cuando planteamos el estudio a partir de un estándar elevado de calidad nos convertimos además en protagonistas de la elaboración de algo valioso y nos sentimos más motivados en el trabajo.

A continuación dispones de una sencilla clasificación de aspectos en los que cuidar la calidad. Si lo prefieres puedes elaborar tu propia lista incluyendo aquellos elementos que consideres más convenientes.

> Sonoros

  ➤ Precisión.

  ➤ Calidad del sonido.

  ➤ Ritmo justo.

➤ Buena afinación.

➤ Rigor en el tempo.

➤ Gusto musical e interpretación.

◗ Corporales

➤ Buena postura

➤ Libertad de movimientos. Interpretar con facilidad.

◗ Psicológicos

➤ Concentración.

➤ Buena disposición para el trabajo.

Buscar continuamente la calidad en el trabajo contribuye a activar los procesos motivacionales y cognitivos que entran en juego en el estudio eficaz y que vimos en el capítulo anterior.

Aprender a resolver problemas

Una vez que disponemos de un marco de referencia guía es el momento de hacer frente a las dificultades y a todos aquellos aspectos que requieren mejoras. A continuación dispones de una serie de pasos que pueden ayudarte en esta tarea.

◗ Identificar y definir los problemas

Una actitud receptiva y una escucha atenta durante el estudio contribuyen a identificar problemas o aspectos susceptibles de mejora. Podemos darnos cuenta, por ejemplo, de cuándo se pierde la calidad del sonido, de notas que no están afinadas, o de una tensión muscular excesiva. Si no identificamos este tipo de asuntos quedarán sin resolver acumulándose y restando de esta forma valor a la ejecución final.

Si después de varios intentos no se produce una evolución satisfactoria es conveniente definir exactamente de qué trata el problema y en qué momento preciso ocurre. Por obvio que parezca, cuanto más explícitos seamos describiendo las dificultades en mejor disposición nos encontraremos para buscar soluciones.

◗ Representación del resultado final.

Una vez identificado el problema conviene clarificar en qué dirección queremos ir. Es decir, representarnos mental o verbalmente el resultado deseado. Dar respuesta a la pregunta "¿qué quiero obtener?" nos ayuda a concretar cuándo estará resuelto el problema o la dificultad. Como dice el experto en procesos de pensamiento Edward De Bono, definir el propósito o la finalidad de nuestro pensamiento genera en la mente un estado que favorece el proceso de búsqueda de soluciones. Ejemplo:

El pasaje de semicorcheas está sucio (se producen muchos roces de cuerdas).

¿Qué quiero obtener?

> Formulación verbal: quiero ser capaz de tocarlo con limpieza y precisión.

> Representación mental: visualizar el pasaje bien ejecutado (sonoramente, precisión de movimientos o acciones)

) Detectar obstáculos.

Siendo más consciente del resultado que queremos obtener nos encontramos en mejor disposición de averiguar qué obstáculos se interponen para conseguirlo. En este tramo del proceso de resolución de problemas la pregunta clave es:

¿Qué impide que salga el pasaje, este cambio de posición, el sonido que quiero obtener, el carácter que quiero darle a esta frase, etc.?

Es el momento de activar nuestra capacidad de observar todos los elementos implicados en la situación con el fin de analizarlos y pensar sobre sus posibles conexiones. Aquí tienes algunos ejemplos de observaciones comunes:

> La tensión excesiva en el brazo me frena el movimiento en el cambio de posición.

> La posición de la mano/dedos/labios/ es inadecuada para poder realizar con eficacia el movimiento.

> Necesito trabajar más las dobles cuerdas.

> Me encuentro cerrado corporalmente y eso impide que los movimientos y mi respiración sean libres.

> He tomado mucho aire y eso me bloquea.

> No tengo claro lo que quiero conseguir.

> Estoy demasiado ansioso o tengo excesiva prisa por conseguir que me salga.

> Estoy yendo más rápido de lo que mi mente puede controlar con naturalidad.

Muy a menudo una parte importante del problema lo constituye una actitud equivocada, ya sea psicológica (miedo a fallar, prisas por obtener resultados, falta de concentración) o corporal (mala postura, tensión excesiva, movimientos descoordinados). Piensa también que los aspectos psicológicos y corporales se retroalimentan, las prisas, por ejemplo, producen más tensión corporal.

▶ Probar soluciones o estrategias

Los músicos experimentados disponen de un amplio repertorio de recursos y estrategias para superar los obstáculos con los que se encuentran. En realidad todos podemos aprender a resolver mejor los problemas puesto que nuestra mente está diseñada para buscar soluciones, especialmente si mantenemos una actitud constructiva y positiva ante las dificultades.

El filósofo e investigador J. A. Marina nos recuerda que en ocasiones hay problemas que se resuelven algorítmicamente, es decir, utilizando procedimientos ya establecidos y que nos aportan una probabilidad razonable de solución en determinadas situaciones. Un par de ejemplos de este tipo de soluciones en el terreno musical serían:

▶ Trabajar determinado material dirigido a ejercitar determinadas habilidades (selección de ejercicios, estudios, obras donde aparecen cuestiones concretas como el picado, las dobles cuerdas, etc.).

▶ Corregir alguna posición o movimiento que suele ser responsable de que se produzca un problema determinado.

Otros problemas es preferible plantearlos de forma más práctica a través de procedimientos informales y muchas veces creativos. El pensamiento divergente o lateral tiene que ver con probar libremente posibles soluciones después de haber analizado convenientemente las causas del mismo (ver Practicando).

Esquema resumen de la propuesta de resolución de problemas.

 Buen uso de las repeticiones

«Hay que trabajar muy conscientemente. Para mí, un profesional es una persona que sabe tocar y que sabe explicar con palabras lo que hace. No hace nada porque sí. Porque si tú tocas solamente con temperamento, o con carácter, moviendo los dedos sin saber los que haces, puedes levantarte un día con 20 años tocando muy bien pero a los 40 años puede que ya no.»

Asier Polo. Cellista y profesor.

La repetición es una de las estrategias de aprendizaje más utilizadas por los músicos. En *El arte del piano* H. Neuhaus habla de la importancia de la repetición, y cita las más de cien veces que Franz Liszt llegaba a repetir un pasaje difícil. Aprender es repetir, dice el propio Neuhaus. En relación con el teatro o el cine el psicólogo Guy Claxton cuenta en su libro *Aprender. El reto del aprendizaje continuo* la exhaustiva preparación que el actor Anthony Hopkins realiza para preparar sus papeles. En ocasiones el actor es capaz de leer hasta 300 veces una sola línea al margen de emplear diversas técnicas mnemotécnicas para facilitar el recuerdo. Su portentosa calidad como actor es probablemente consecuencia de un gran talento, pero también de una profunda preparación que incluye la repetición como elemento destacado.

La repetición estratégica y bien realizada puede contribuir enormemente a resolver problemas. Muchas dificultades motrices en estudios u obras se superan a través de la combinación eficaz de una velocidad adecuada de trabajo (que permita un buen control de la ejecución) junto con un número adecuado de repeticiones. Sin embargo, a pesar de la importancia de esta estrategia es esencial resaltar que la mera repetición no garantiza buenos resultados ni mejoras. Como nos indica el sentido común, repetir errores, pasajes con tensión excesiva, o imprecisiones, sólo conduce a grabar acciones defectuosas que después representan una clara interferencia en la interpretación. Permanecer atentos a la buena ejecución de las repeticiones resulta por tanto fundamental.

Para finalizar esta fase del estudio específico de dificultades diremos que las unidades de trabajo, que inicialmente suelen ser reducidas, incrementan su amplitud en la medida en la que se van resolviendo los problemas concretos. El efecto de la práctica es evidente. Los programas motores que componen las dificultades se dominan y consolidan, lo que permite trabajar fragmentos de mayor extensión integrando mayor número de elementos. Gran parte de la seguridad y libertad en la interpretación posterior en público depende de la buena realización de esta tarea de establecimiento de patrones motores sólidos, fiables y de mayor extensión.

Fase 1. Lectura y 2. Estudio específico de las dificultades.

Fase de profundización y ampliación

«Lo más importante para comunicar consiste en conseguir una relación permanente entre el aspecto emotivo y el racional; entre la pasión y la disciplina; entre el rigor y la fantasía; teniendo en cuenta de que ninguna de las dos partes son suficientes por sí mismas.»
Daniel Barenboim

Durante esta etapa la memoria genera un mapa interno de la obra en el que el orden de sus partes cobra especial protagonismo. Es la fase de profundización. La tarea de conectar elementos y darles sentido dentro de un todo global permite descubrir más y más aspectos de la obra y de nuestra relación con ella. Poco a poco se acerca el momento de la ejecución y la mente anticipa la necesidad de tener presente y cuidar la secuencia entera. Necesitamos por tanto fortalecer la continuidad de las frases musicales, e integrar en ella los fragmentos específicos que hemos trabajado en la etapa anterior.

Hay estudiantes que son capaces de trabajar dificultades concretas con mucha eficacia, pero en la actuación en público acusan la falta de un trabajo con unidades de mayor tamaño. En estos casos la mente no ha ejercitado suficientemente el discurso musical, y los enlaces de unas partes con otras son débiles y vulnerables en situaciones de presión. Tan importante es trabajar fragmentos reducidos como partes más amplias en las que la memoria ejercita las conexiones y la continuidad global. La memoria procedimental es la encargada de que podamos recordar las habilidades motoras y ejecutivas que son necesarias para poder interpretar una obra.

Uno de los retos principales en esta fase consiste en ser capaces de mantener un buen nivel de calidad en los parámetros que hemos visto anteriormente (sonoro, corporal y mental) con unidades que poseen mayor extensión, y en las que las ideas musicales se van configurando con mayor sentido. El nivel de destreza alcanzado gracias al trabajo de la etapa anterior permite esta nueva conquista. En este punto del proceso de aprendizaje podremos conseguir resultados impensables en momentos anteriores puesto que ahora nos encontramos más capacitados para ello.

Las pausas en esta etapa de estudio ayudan a sedimentar y permitir que evolucione el material trabajado en nuestro interior. Dejar descansar durante unos días e incluso semanas una obra que ya se encuentra en esta fase suele aportar muy buenas sensaciones cuando se retoma. La obra ha madurado en silencio. El pianista Enrique Bagaría considera que una obra es algo orgánico, con vida. Cuando este excelente solista prepara sus conciertos trabaja con intensidad las obras que va a interpretar, y las deja descansar durante un determinado periodo de tiempo. Después se encuentra con algo transformado y asentado con mayor pro-

fundidad, lo que le permite expandir al máximo sus posibilidades interpretativas y cosechar grandes éxitos.

El pianista Enrique Bagaría incluye en su preparación un periodo de descanso de las
obras que presenta en sus conciertos. Ello aporta madurez y una nueva perspectiva a la
interpretación. Enrique Bagaría se encuentra aquí interpretando el concierto para piano
y orquesta nº 1, op.1 de Rachmaninov con la Orquesta Sinfónica de Barcelona y
Nacional de Cataluña (OBC).

Algunos aspectos más a tener en cuenta en esta fase serían:

▶ Comprobar que se mantiene la concentración durante toda la
extensión del fragmento que se trabaja.

▶ Mantener el interés por cuidar la postura y la libertad de movimientos en fragmentos más amplios.

▶ Tomar decisiones en función de la nueva situación, formulando
preguntas que conduzcan a objetivos renovados: ¿Qué objetivos me interesa pedirme ahora con el fin de acercarme al resultado que pretendo conseguir?

▶ Seguir insistiendo en pasajes difíciles, e integrarlos en unidades
mayores.

▶ Ejercitar progresivamente la memoria. Es decir, probar a interpretar de memoria fragmentos cada vez más amplios disponien-

do de la partitura, con el fin de revisar su fiabilidad.

🍩 Estimular la velocidad y familiarizarse con los tempos definitivos.

🍩 Concienciarse e imaginar que vamos a actuar en público. Cuanto antes incluyamos este aspecto en el estudio más nos familiarizaremos con la situación.

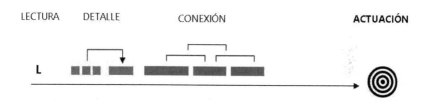

Fases 1. Lectura, 2. Estudio específico de las dificultades y 3.
Profundización y ampliación.

Puesta a prueba

Hemos dedicado mucho tiempo hasta aquí para dominar la obra, pero ello no es suficiente. Como dijimos en el primer capítulo no sólo hay que interpretar muy bien, sino que hay que hacerlo en público. Una preparación para la actuación completa incluye la práctica de las habilidades para manejar la presión y encontrar un nivel de activación que nos permita dar lo mejor de nosotros mismos. El rendimiento de una obra, que en las sesiones finales de estudio es alto, puede tambalearse al ser interpretada en público por infinidad de razones. Las interferencias tanto físicas como psicológicas llegan a restar muchos enteros.

Nuestra mente sufre un verdadero estrés cuando sin la conveniente preparación psicológica pasamos del retiro de nuestro estudio al súbito contacto con el público. Las circunstancias son diferentes. Por este motivo conviene valerse de diversas experiencias con el fin de identificar y subsanar convenientemente posibles lagunas y errores de planteamiento.

Aunque en la segunda parte del libro nos vamos a ocupar a fondo de la preparación psicológica para las actuaciones dispones a continuación de algunas sugerencias:

▶ Grabarse en audio o vídeo con el fin de generar una presión añadida y el compromiso de ejecutar las obras sin interrupciones.

▶ Visualización:

> De la situación de concierto.

> De la interpretación.

▶ Tocar para amigos o conocidos.

▶ No saturar con exceso de estudio los días previos a la actuación. Tal como comentan los solistas María Rubio y Enrique Bagaría, una interpretación fresca y de calidad necesita liberarse de la sobrecarga de estudio en los últimos momentos. El trabajo ya está hecho. Llega el tiempo de la creación y la comunicación.

▶ Pases públicos en lugares menos comprometidos con el fin de ganar en confianza y emprender las mejoras necesarias.

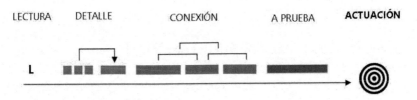

Fases 1. Lectura, 2. Estudio específico de las dificultades, 3. Profundización y ampliación, y 4. Mantenimiento y puesta a punto para la actuación.

Como comprobamos con mayor perspectiva en el gráfico que incluye las cuatro fases de trabajo, un estudio completo pasa por diversas etapas que aportan elementos diferenciados pero conectados en un todo más amplio. A cada etapa le conviene una actitud y un proceder ligeramente diferente. Con la experiencia comprobaremos que si enriquecemos el estudio de una obra con aportaciones complementarias obtendremos mejores resultados.

Ideas clave

✓ Plantear el estudio de una obra en diferentes fases que se suceden con naturalidad contribuye a realizar un trabajo más completo y equilibrado.

✓ La fase de lectura se caracteriza por una actitud de descubrimiento, en la que nos interesamos por conocer las líneas maestras de la obra e identificamos sus puntos conflictivos.

✓ En la fase siguiente nos centramos en resolver las dificultades en unidades de trabajo relativamente reducidas. De esta forma conseguimos con mayores garantías hacer frente a las diferentes exigencias técnicas e interpretativas.

✓ Con el tiempo las unidades de estudio son más amplias. El trabajo se centra en profundizar en la obra y en establecer sólidas conexiones entre sus diferentes partes.

✓ Dejar descansar la obra durante unos días o semanas permite que ésta madure y evolucione en nuestro interior.

✓ Antes de las actuaciones es conveniente poner a prueba el rendimiento a través de diversas experiencias en las que nos obligamos a interpretar la obra sin interrupciones.

Practicando

Puesto que cada músico dispone de un nivel de experiencia diferente, a continuación dispones de diversas propuestas de optimización del estudio. Escoge aquellas que consideres más provechosas en tu caso.

Fase de lectura

▶ Preguntas indagadoras
Genera preguntas en diversas áreas:

➤ Sobre el compositor y la obra:
¿Cómo está estructurada? ¿Cómo se suceden los motivos musicales? ¿En qué estilo se enmarca? ¿Qué carácter tiene? ¿Qué puede querer transmitir el autor? ¿Qué te sugiere a ti?

➤ Sobre cuestiones técnicas e interpretativas.
¿Qué direcciones musicales encuentras? ¿Qué aspectos o partes crees que vas a tener que trabajar con más profundidad?

▶ Simulación de acciones y movimientos
Partiendo de una buena postura y actitud corporal es posible teatralizar las acciones y gestos que realizarías al interpretar una nueva obra (movimiento de dedos, brazos, dirección del aire...).

➤ Puedes cantar o pasar mentalmente una parte de la pieza, o bien ponerte una grabación de audio y video mientras simulas que tocas o cantas.

➤ Cuanto más suelto y libre te encuentres realizando tu particular interpretación gestual de la pieza mejores sensaciones corporales grabarás en tu memoria muscular.

▶ Extrae las ideas musicales
Extraer las ideas musicales de las obras contribuye a activar buenos procesos de estudio. Ello lo puedes realizar de diferentes maneras.

➤ Lee con tu instrumento un par de frases y extrae las ideas musicales. Deja que vayan emergiendo en tu mente.

➤ Lee mentalmente o tararea un par de frases, y a continuación tócalas con tu instrumento.

➤ Escucha grabaciones de diversos intérpretes de la obra

que estás leyendo y despierta tu curiosidad por descubrir las ideas musicales.

▶ Extrae las necesidades técnicas
Identifica aquellos pasajes o aspectos de la obra que van a necesitar más trabajo.

➤ Inhibe tu impulso de estudiarlos inmediatamente.

➤ Mantén una actitud positiva e inteligente. Confía en el trabajo que vas a desarrollar en la siguiente fase.

➤ Economiza energía, emociones y movimientos innecesarios.

Resolver problemas

▶ Imaginar el resultado final y detectar obstáculos

➤ Cierra los ojos por un momento y visualiza el resultado final que quieras obtener en un pasaje que contenga una dificultad o un aspecto que no consigues dominar.

➤ Dependiendo de la naturaleza de la dificultad, enfatiza en tu visualización el aspecto más pertinente (sonoro, visual o cinestésico).

➤ Prueba a interpretar el pasaje en cuestión manteniendo tu atención en identificar las diferencias entre la versión visualizada y la real. ¿Qué diferencias existen? ¿Dónde exactamente?

➤ Utiliza tu capacidad de observación y análisis para detectar aquello que puede interferir o impedir que salga el pasaje: En muchas ocasiones es simplemente falta de trabajo, pero también pueden ser aspectos corporales o técnicos, falta de anticipación, falta de disponer de una idea clara de lo que se necesita hacer,...

▶ Probar soluciones

A continuación dispones de diversos procedimientos que suelen contribuir a mejorar o solucionar dificultades. Su utilidad depende en gran medida de cómo se utilicen, es decir, funcionan mejor si sirven para facilitar el proceso de comprensión de la secuencia de acciones implicadas, en lugar de realizarlos de forma mecánica.

➤ Variación de ritmos.

➤ Comenzar desde el final: último compás —penúltimo y último—, —antepenúltimo, penúltimo y último— etc.

➤ Simplificar dificultades y construir a partir de ellas.

➤ Representación mental sonora y de la acción.

➤ Utilización de pausas medidas.

▶ Utilización de pausas medidas
Trabajar con pausas medidas puede aportar innumerables beneficios. A través de ellas comprobarás que dispones de más tiempo para escuchar, organizar y anticipar en el pasaje que trabajes. Al trabajar con pausas medidas:

➤ Observa cómo estás utilizando tu cuerpo. Si los movimientos o acciones son libres y coordinadas.

➤ Escucha con atención.

➤ Utiliza "tempos" que te permitan un control fluido de la acción.

A modo de ejemplo aquí dispones de varias maneras de aplicar las pausas a partir de este fragmento del concierto para clarinete y orquesta de Carl Nielsen.

Puedes realizar una pausa cada tiempo de negra:

La pausa también puedes realizarla cada compás si prefieres trabajar con unidades mayores:

Ajusta según tus necesidades tanto la duración de las pausas
como cada cuántas notas las llevas a cabo. Dependiendo del

instrumento, del tipo de dificultad del pasaje y de otras variables te convendrá trabajar de una u otra forma.

Sé consciente de que lo importante no es la mecánica de las
pausas, sino tu trabajo de resolución de problemas. Las pausas
son una herramienta para que tu mente y tu cuerpo puedan
trabajar mejor. Poco a poco te familiarizarás con ellas y te per-
mitirán profundizar en encontrar soluciones y mejoras.

▶ Probar soluciones
Una interesante forma de plantear la búsqueda de soluciones
consiste en partir de un enunciado como los que aparecen abajo, y escribir o pensar tantas posibilidades como te vengan a la
cabeza a modo de tormenta de ideas. Posteriormente elige aquellas que consideres más oportunas.

➤ "Para conseguir dominar esta dificultad necesitaría ..."

➤ "Para llegar a darle el carácter que quiero a esta frase
podría ..."

➤ "Quizás sale mejor el picado probando ..."

⬧ Se refina nuestra capacidad de percibir.

⬧ Nos concentramos más y durante más tiempo.

⬧ Mejoran los procesos de la memoria.

⬧ Mejora nuestra capacidad de razonamiento.

No en vano la motivación se considera en la actualidad una parte integrada y destacada en los diferentes ámbitos de la educación. Sin ella el aprendizaje no tiene tanto recorrido.

 ¿De qué depende la motivación?

La intensidad de la motivación en el contexto musical depende de diversos aspectos entre los que destacan:

⬧ El valor que le otorgamos a una actividad musical concreta o a la propia música:

➤ Aunque todo es relativo, para un estudiante de grado superior no es lo mismo estudiar para una clase más durante el curso, que prepararse unas pruebas para ingresar en una orquesta joven como la JONDE.

⬧ Los facilitadores de la motivación:

➤ Sentirse capaz de hacer frente a las exigencias musicales o disponer de buenas estrategias, serían ejemplos de circunstancias que favorecen la motivación.

⬧ El alcance de los obstáculos que se interponen entre nosotros y nuestros deseos:

➤ El cansancio, el aburrimiento, la dificultad excesiva de la tarea o la falta de buenas estrategias de trabajo, serían ejemplos de interferencias en la motivación.

4

LA MOTIVACIÓN

La alegría que se experimenta tras haber tenido una buena clase, la admiración después de asistir al concierto de un gran solista, o el entusiasmo tras superar una dificultad que nos mantiene estancados son ejemplos de estados de ánimo positivos que invitan a estudiar y a perseverar con ilusión en la música.

En el presente capítulo nos vamos a centrar en resaltar la importancia de una conducta musical motivada, y en aquello que podemos emprender para mantenerla.

Descubrir la motivación

«Odiaría pensar que no soy un aficionado. Un aficionado es alguien que ama lo que hace. Temo que muy a menudo el profesional odia lo que hace. Por lo tanto, prefiero ser un aficionado.»
Jehudi Menuhin. Violinista.

Nos sentimos motivados cuando experimentamos un impulso que nos anima a actuar, a movernos hacia aquello que nos atrae. No en vano el término motivación procede del latín *motio* y significa movimiento. La motivación representa un potente modulador del rendimiento musical puesto que es capaz de incrementar tanto la calidad como la cantidad del estudio. Al preparar una clase, una prueba o una actuación que nos motiva, nos lo tomamos más en serio y prestamos más atención.

Cuando contamos con una motivación elevada diversos procesos psicológicos involucrados en el estudio se ven positivamente estimulados y funcionan a un nivel más elevado:

Los violinistas zíngaros de Hungría son un ejemplo de pasión desbordante por la música, por su instrumento y por conectarse a través de ambos con sus emociones más intensas. Como comenta Kato Havas en su libro *Stage Fright*, cuando son niños a estos músicos les encanta escuchar el atrayente sonido de las melodías tocadas por sus mayores. Los niños en los que surge el flechazo por la música piden aprender a tocar el instrumento, y la maquinaria de la motivación se activa magistralmente. Las ganas de tocar tan bien como los modelos que tienen en su entorno encienden el deseo de practicar y practicar. Las dificultades en el proceso de aprendizaje las experimentan como parte inherente a la experiencia, y son vencidas una y otra vez por la fascinación que en ellos ejerce la música. Su actitud es tan positiva que los violinistas zíngaros se caracterizan por disfrutar enormemente en sus actuaciones y por no sufrir ansiedad escénica, como tan comúnmente sucede en los conservatorios o las escuelas de música.

Como acabamos de ver con este ejemplo, la motivación funciona como un claro activador de la conducta. Las ganas por alcanzar aquello que se desea genera energía para desarrollar habilidades y capacidad de esfuerzo para superar los obstáculos. Por el contrario, cuando la motivación es baja, la maquinaria interna se encuentra desprovista de combustible y cualquier pequeño tropiezo se acusa enormemente.

 ## Diversidad individual

«La música tiene que servir para un propósito; tiene que ser una parte más grande que uno mismo, una parte de la humanidad.»
Pau Casals. Cellista.

No todos nos motivamos por las mismas cosas. Un joven puede desear estudiar música por el mero gusto de pasar buenos ratos, mientras que otro lo hace porque aspira a ser concertista. Hay compañeros en mi conservatorio que son reconocidos especialistas en música antigua y están enamorados de este tipo de interpretación, mientras que a otros les apasiona y lideran los más destacados foros de música contemporánea. La motivación surge de la combinación de complejos mecanismos psicológicos que nos arrastran en diferentes direcciones.

El estado evolutivo y académico en el que se encuentra cada persona, el carácter, o las propias circunstancias personales representan factores que explican que nos sintamos motivados más por unas cosas que por otras. Aunque diversos aspectos de la motivación pueden ser generales, otros muchos dependen de infinidad de variables que es necesario conocer.

El camino hacia una motivación saludable y robusta en la actividad musical comienza precisamente por conocer qué es aquello que genera en uno mismo ilusión y "movimiento". Necesitamos saber cuáles son nuestras motivaciones más auténticas, aquellas verdaderamente capaces de producir ganas y energía. Reflexionar sobre nuestras preferencias y deseos en relación con la música nos ayudará a encontrar una mejor conexión con las fuentes de motivación más efectivas.

A continuación tienes una muestra de diversos motivadores en torno a la música que pueden actuar por separado, o bien combinándose:

> Muchos músicos se sienten atraídos por el placer de expresar y comunicar a través de la música. Transmitir las propias vivencias o suscitar emociones se convierte en el detonante de su motivación.

> Para otros su principal motor es la consecución de grandes logros: ganar concursos, puestos importantes, etc.

> El aspecto social de la música también representa un destacado incentivo. Una de las claves del éxito del programa de orquestas infantiles, que dirige brillantemente el violinista Sergio Furió en el Conservatorio Profesional de Música de Carlet, reside precisamente en ello. Los niños de 5 a 8 años que conforman la orquesta más joven disfrutan enormemente por el mero hecho de

participar con los demás compañeros en sus encuentros semanales. Sentirse parte de un grupo musical, ensayar obras atractivas y adaptadas a sus posibilidades junto al reconocimiento público que reciben en los conciertos, constituye una de las mejores fórmulas de motivación a esa edad.

▶ Juntarse para tocar o cantar supone un disfrute en sí mismo para muchas personas. Cuando estudiaba en Alemania me llamaba la atención ver a jóvenes universitarios que habían dejado sus estudios de música, pero que se reunían los fines de semana para tocar cuartetos de cuerda. Se lo pasaban bien con ello sin ninguna aspiración más que el mero disfrute de estar juntos y hacer música.

▶ Para otros, la autorrealización personal a través de la música o el mero hecho de hacer progresos produce satisfacción, como aparece en la cita del maestro Pau Casals del segundo capítulo.

▶ Como señala el filósofo y educador José Antonio Marina, en ocasiones se produce la llamada "motivación intrínseca a la tarea". Es decir, la propia realización de la tarea es atractiva por sí misma (lo veremos más adelante con las experiencias de fluir). Esto sucede a menudo al improvisar, o como veíamos anteriormente, al quedar para tocar o cantar por pasar un buen rato.

▶ En otras circunstancias hablaríamos de "motivación intrínseca a la persona". A pesar de que la tarea sea dura, la consecución de la meta genera satisfacción, ya sea porque supone un logro personal o artístico, o bien por la aceptación social que conlleva.

▶ El estilo de música que se hace, o cómo se orienta la carrera musical (demasiados conciertos al año, presión excesiva, competitividad insana...) influyen también en los niveles de motivación que se experimentan.

▶ En ocasiones, factores como la elección del instrumento pueden hacer saltar la chispa de la motivación. Cuando el famoso pianista Arthur Rubinstein tenía 3 años de edad le gustaba sentarse debajo del piano y escuchar tocar a su hermana mayor. Un año más tarde sus padres le regalaron un violín pensando que era el instrumento más adecuado para él, pero nada más verlo el pequeño Rubinstein partió el violín por la mitad y dejó bien claro cuál era su preferencia.

▶ Los profesores representan también un elemento esencial para incrementar la motivación musical. Juan Estaban Romero, profesor de clarinete en el Conservatorio Superior de Castellón es un conocido ejemplo de ello. Este excelente clarinetista que colabora con la Orquesta de los Solistas del Covent Graden de Londres, hace llegar a sus alumnos constantes mensajes de confianza, apoyo y estímulo. Gracias a su entusiasta ayuda sus estudiantes consiguen superar con mayor éxito las dificultades que aparecen en su carrera, lo que les permite disfrutar de una mejor relación con la música.

La motivación es un viaje de entusiasmo hacia lo que nos gusta. En ocasiones queda un poco escondida por capas de malas experiencias, o por un planteamiento erróneo del estudio o de la actividad musical, pero es entonces cuando necesitamos recobrarla.

Mantener la motivación

«Hay cantantes que abren la boca y cantan naturalmente. Están dotados de una facilidad que atañe también al registro agudo. Yo nunca he tenido esa facilidad. He debido trabajar muchísimo para evolucionar en mi carrera, para variar el repertorio.»

Plácido Domingo. Cantante

Una vez iniciada la motivación es necesario mantenerla. Aquí viene el punto clave puesto que una cosa es que a un niño le apetezca aprender a tocar un instrumento musical, pero otra muy diferente es que persista en practicarlo regularmente. Del mismo modo no existe la misma motivación al inicio del trabajo con una obra nueva que semanas más tarde cuando uno se encuentra atascado por las dificultades. ¿Cómo podemos mantener la energía e ilusión en el estudio cuando fruto de la cotidianeidad se produce agotamiento o falta de interés? ¿Cómo podemos perseverar en la búsqueda de metas valiosas cuando se presentan interferencias y obstáculos en el camino?

Alguno o varios de los siguientes recursos pueden contribuir a incidir positivamente en mantener la motivación.

 ### *Creencias sanas y emociones positivas*

La actitud hacia el estudio diario cambia enormemente si nos sentimos capaces de avanzar. La creencia de que es posible mejorar nuestro rendimiento musical gracias a la perseverancia y a un estudio eficaz contribuye enormemente a motivarnos. Cuando confiamos en que podemos desarrollar nuestras habilidades musicales, el optimismo surge con naturalidad puesto que lo que pensamos acerca de nosotros mismos determina en gran medida nuestras emociones y nuestras motivaciones.

La investigadora educativa Carol Dweck ha llegado a la conclusión de que la convicción de que nuestras capacidades son expansivas contribuye a plantear de forma más positiva y eficaz el aprendizaje. Cuando los estudiantes comprenden y confían en que su habilidad puede ampliarse mediante el esfuerzo, una buena formación, y la perseverancia, su motivación crece y con ella su disposición al trabajo. Las frustraciones, tan comunes en el aprendizaje musical, se soportan mejor si en lo más profundo de nosotros mismos confiamos en que siempre es posible mejorar.

 ### *Modelos atractivos*

Ya se trate de un joven violinista que anhela ser un Vengerov o un clarinetista que adora a Martin Frost, los ídolos musicales ejercen una influencia enorme en niños, jóvenes y adultos. Lo cierto es que los grandes intérpretes producen admiración porque reconocemos su maestría y sabemos lo difícil que es hacer música como ellos lo logran. Como dice el filósofo José Antonio Marina, la grandeza atrae al ser humano. En relación con la música, cuando confluye un dominio técnico, interpretativo y comunicativo excepcionales nos sentimos conmovidos. Un concierto en directo de la Orquesta Filarmónica de Berlín o de un gran intérprete nos impacta y produce auténtica admiración. El efecto que tiene en el estado de ánimo de un músico asistir a un acontecimiento de estas características es enorme. La motivación crece por momentos, genera ilusión, alegría y ganas de estudiar.

Los libros, biografías y revistas musicales como *Scherzo* o *The Strad* representan una buena fuente de información sobre diversos temas que pueden suscitar interés. Cuando hace poco leí una entrevista realizada al pianista Arcadi Volodos, me asombró conocer un aspecto de su vida que puede animar a más de un estudiante a confiar en el poder de una robusta motivación musical y a perseverar a pesar de las dificultades. A la poca habitual edad de 16 años, Arcadi Volodos, motivado por un intenso amor por el piano, decidió estudiar en San Petesburgo en lo que vendría a ser un conservatorio de grado profesional. Para preparar la prueba de acceso se buscó un profesor, quien sorprendentemente en lugar de motivarle le llegó a decir lindezas como que no tenía nivel suficiente para entrar, que era demasiado mayor, o que nunca lo conseguiría. Afortunadamente Volodos dio con un segundo profesor que lo alentó a presentarse. Gracias a un tenaz esfuerzo logró iniciar sus estudios profesionales que prosiguió en Moscú y que posteriormente le condujeron a una fructífera carrera internacional de la que continua disfrutando.

Ver en YouTube actuaciones, clases magistrales y entrevistas a grandes intérpretes, contribuye a inspirarnos y a elevar nuestro estado de ánimo, así como escuchar a menudo buenas versiones. Los modelos interesantes han suscitado en cualquier época histórica una reacción positiva que consigue impulsar positivamente los resortes de la acción y del aprendizaje.

 ## Comprender la naturaleza de las cosas

Cuando comprendemos que el estudio es necesario para mejorar las habilidades y conseguir los objetivos que deseamos en la música, tenemos mucho a nuestro favor. Existe una gran diferencia entre hacer algo por mera obligación, y llevarlo a cabo porque nos conduce a algo que anhelamos conseguir. Los momentos o días en los que no apetece estudiar se llevan mejor si recordamos su utilidad y visualizamos nuestras metas.

El pianista Javier Achúcarro confiesa que cuando se encontraba en Viena, el ambiente que allí se respiraba unido al contacto que entabló entonces con músicos como Zubin Mehta le hizo comprender que necesitaba estudiar más. El maestro Achúcarro consideraba que le faltaba técnica, y emprendió un verdadero trabajo que le llevó a dedicar hasta 12 horas en un mismo día preparando el segundo concierto de Bartok. Como él mismo dice, su trabajo personal le ha llevado a crecer centímetro a centímetro hasta llegar a convertirse en el intérprete de reconocido prestigio internacional que es.

A un nivel más concreto, si te preguntas y reflexionas a menudo por la utilidad o el porqué de diversos aspectos de tu estudio encontrarás pequeños impulsos de energía en tu día a día. Prueba a formularte y dar explicación a aspectos como:

▶ La utilidad del calentamiento.

▶ La conveniencia de tocar o cantar con libertad de movimientos.

▶ El mejor modo de conseguir un buen sonido.

▶ La importancia de estar motivado en el estudio.

▶ La utilidad de trabajar de una manera determinada.

▶ Los beneficios de una buena postura.

▶ Las ventajas de ser positivo en el trabajo.

▶ El porqué hacer un gesto o movimiento determinado en relación con una dificultad técnica.

▶ La utilidad de trabajar en ocasiones a velocidades más lentas.

 Metas atractivas

Cuando fijamos nuestra atención en metas que consideramos atractivas la energía surge con naturalidad aportándonos el empuje necesario para lograrlas. Puesto que somos diferentes unos de otros es necesario clarificar cuáles son aquellas metas que despiertan nuestro deseo de estudiar.

A los estudiantes de grado superior les motiva enormemente llegar a formar parte de la orquesta joven de su comunidad autónoma y en especial de la JONDE, donde van a tener la ocasión de hacer música a un gran nivel, así como conocer a otros brillantes músicos de su edad. Además de tocar en buenas orquestas o grupos, otras metas que suelen ser atractivas entre los jóvenes músicos son:

▶ Estudiar con un buen profesor.

▶ Asistir a clases magistrales.

▶ Actuar en público.

▶ La posibilidad de estudiar un master interpretativo determinado.

▶ Presentarse a concursos.

▶ Estudiar una obra atractiva o que suponga un reto.

▶ Poder elegir las obras que van a trabajar.

Concretar estos objetivos, visualizarlos, sentir el deseo de conseguirlos y nutrirse a menudo con el afecto positivo que generan contribuye enormemente a mantener elevada la motivación.

Crear buenos hábitos

«El hábito es al principio ligero como una tela de araña, pero bien pronto se convierte en un sólido cable.»
Proverbio hebreo

Una vez instaurados, los buenos hábitos juegan a nuestro favor porque convierten en fácil y natural algo que no lo era. Un buen ejemplo de ello lo representa el hábito de estudiar con regularidad. Gracias a incorporar el hábito de perseverar en la práctica, los días en los que no abundan las ganas de estudiar un resorte automático nos conduce hacia el atril y sin darnos cuenta nos vemos ya vocalizando, calentando o haciendo escalas. La inercia positiva del hábito nos regala en ocasiones sesiones de estudio geniales que no habríamos iniciado nunca de no haber sido por su impulso. Es evidente que si sólo estudiamos cuando nos apetece no llegaremos muy lejos. Los circuitos neuronales que sustentan un hábito se refuerzan y hacen más sólidos a través de la repetición de la conducta. Si creamos poco a poco la costumbre de estudiar con regularidad, con el tiempo comprobaremos que resulta más fácil mantener el compromiso a pesar de la pereza, o ante las seductoras e innumerables tentaciones de posponer el trabajo.

 Identificar y eliminar impedimentos

En ocasiones la clave para recobrar la ilusión musical viene dada por detectar y desprenderse de aquellos factores que puedan significar un obstáculo en el acercamiento a nuestras aspiraciones. Algunas de ellos son:

▶ Falta de organización y de un plan de trabajo adecuado a las circunstancias.

▶ Pretensiones desmedidas.

▶ Posturas forzadas y una utilización del cuerpo que conduce a molestias físicas y a una bajada en el rendimiento. En estos casos, practicar alguna técnica corporal puede hacernos recobrar mejores sensaciones con las que alcanzar un mayor disfrute.

▶ Estudio ineficaz.

▶ Elementos que distraigan la atención que nos hacen perder el flujo del pensamiento y un buen ritmo de trabajo.

▶ Tareas demasiado difíciles o demasiado sencillas para el nivel que se posee.

▶ El diálogo negativo que mantenemos con nosotros mismos supone un lastre costoso de llevar. Dudas recurrentes sobre la propia valía, o el hábito de preocuparse excesivamente por los resultados minan la moral de cualquiera.

Corregir las creencias negativas

«Llevamos a los jóvenes a una idea de perfección que no existe. Lo que hace a la música emocionante es un ser humano expresando algo a un muy alto nivel.»
Patsy Rodenburg. Jefa del departamento de voz en la Escuela Guildhall de Londres.

El nivel de exigencia en la música es muy elevado. La inevitable tendencia de compararse con los demás y preocuparse continuamente por el nivel de rendimiento, puede llevar consigo la gestación de creencias negativas. Cuando esto ocurre la motivación se desvanece y apaga. Con el fin de mantener una actitud motivada en el estudio es necesario detectar aquellos pensamientos que nos absorben energía y sustituirlos por otros más sanos y constructivos.

Aunque este asunto lo veremos con mayor profundidad en el capítulo 6 en relación con la preparación mental de las actuaciones, el hecho de pensar que un error invalida la calidad global de una interpretación, por ejemplo, representa una clara exageración que conduce a la frustración. Algunos ejemplos más de distorsiones del pensamiento comunes en el ámbito musical son:

▶ "Como me ha salido mal la audición, nunca llegaré a tocar bien."

▶ "Debería tocar siempre en un nivel perfecto de rendimiento."

▶ "Soy un violinista espantoso. He hecho fatal la prueba de lectura a primera vista."

▶ "La afinación y el sonido son buenos, pero el pasaje está precipitado. ¡Qué mal!"

Identificar estos pensamientos y reemplazarlos por otros más saludables y ajustados contribuye a reavivar la energía y la motivación por el estudio. Llegar a cantar o a tocar muy bien un instrumento musical representa un proceso de aprendizaje donde los errores y las imperfecciones forman parte del viaje. Nuestras ganas de estudiar dependen en gran medida de cómo los gestionamos: como demostración de que no somos suficientemente buenos, o bien como información que utilizamos de una forma constructiva y positiva para mejorar.

Fluir en la música

Una interesante aportación en relación con la motivación la encontramos en las llamadas experiencias óptimas o de "flujo", que se caracterizan por un enorme disfrute y una total implicación. El psicólogo Mihály Csíkszentmihály encontró que los estados de "flujo" tienen más que ver con la capacidad de disfrutar con lo que uno está realizando que con las recompensas que se podrían obtener tras llevar a cabo una actividad. Las emociones que generan este tipo de experiencias son por tanto muy positivas y aparecen más a menudo cuando nos encontramos centrados con entusiasmo en una actividad o proyecto que demanda lo mejor de nosotros mismos.

A través de exhaustivas investigaciones Csíkszentmihály logró identificar diversos componentes que son comunes en este tipo de experiencias. Los cuatro primeros son condiciones necesarias para que aparezca el estado de flujo, mientras que los cuatro siguientes tienen que ver con las experiencias que acompañan a tal estado. Incorporar los cuatro primeros componentes del "fluir" en nuestro estudio puede contribuir a incrementar enormemente nuestra motivación.

Los componentes de "fluir" son los siguientes:

- Claros objetivos:
  Para que el flujo aparezca es necesario disponer de objetivos bien definidos. Se trata de los objetivos que se van dando durante la sesión de estudio y que son alcanzables si hay una verdadera implicación. Para ello es importante saber lo que se pretende conseguir en cada momento:
  - "Quiero que el sonido sea más redondo."
  - "Que este pasaje salga más preciso."
  - "Quiero mantener el tempo al final de la frase."

- Retroalimentación inmediata y constante:

En las experiencias de flujo disponemos en todo momento de información de cómo lo estamos haciendo y de cuánto nos estamos acercando a los objetivos propuestos. Si estamos trabajando la afinación en un determinado pasaje necesitamos saber cómo ha quedado cada una de las notas que hemos tocado. Si lo que estamos trabajando tiene que ver con la libertad de movimientos corporales necesitaremos comprobar si los músculos implicados trabajan con naturalidad y equilibrio. En la medida en la que atendemos a cómo lo estamos haciendo podemos introducir ajustes y correcciones inmediatamente, lo que contribuye a la mejora de la actividad.

▶ Alto nivel de concentración focalizada:
La atención se centra con intensidad en aquello que es vital para la buena realización de la actividad. La mente delimita su campo de acción en la actividad musical que estamos llevando a cabo, y que exige mantener activos nuestros cinco sentidos.

▶ Equilibrio entre el nivel de habilidades y de dificultad:
El grado de dificultad de la tarea de estudio que estamos llevando a cabo tiene que suponer un reto, sin exceder nuestras posibilidades actuales. Una dificultad excesiva nos llevaría a perder el flujo y generaría ansiedad y descontento. Por el contrario, una tarea muy fácil para nuestras capacidades nos conduciría al desinterés o al aburrimiento. Cuando acertamos con equilibrio el binomio dificultad/habilidad, creamos unas condiciones ideales para fluir en el estudio (ver imagen de abajo).

▶ La actividad es gratificante por sí misma:
Ya sea por que supone un reto personal o porque simplemente nos gusta su realización, las actividades de flujo se caracterizan por poseer una clara motivación intrínseca. En este tipo de experiencias tiene más peso el disfrute durante la acción que las potenciales recompensas posteriores por haberla realizado.

▶ Sensación de control:
Se trata de una sensación especial que proviene de la certeza de que disponemos de las capacidades que requiere una tarea concreta. Cuando el músico experimenta este tipo de control siente que todo funciona en un equilibrio natural: el aire está bien di-

rigido, los movimientos resultan fáciles, los dedos van al sitio. Las cosas suceden en la buena dirección sin sensación de esfuerzo. Se trata de un control fluido fruto del dominio y de la actitud adecuada.

▶ Percepción distorsionada del sentido del tiempo:
El tiempo parece pasar de otra manera. Cuando nos encontramos en estado de flujo dos horas de estudio en tiempo real pueden parecer cinco minutos. La absorción en la tarea es tal que la sensación es de que el tiempo transcurre con mayor rapidez.

▶ Fusión entre consciencia y acción:
Esta absorción por la tarea lleva también a que perdamos el sentimiento de consciencia de nosotros mismos. La tarea es lo importante por lo que no hay cabida para preocupaciones personales ni distracciones.

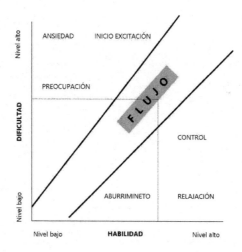

Gráfico en el que se observa que las experiencias de flujo aparecen cuando existe un equilibrio entre el nivel de habilidades que se poseen y el nivel de dificultad de la tarea llevada a cabo.

Flujo e inteligencia emocional

Una línea de investigación, iniciada en el departamento de psicología de la Universidad Goldsmiths de Londres, ha podido establecer una interesante relación entre altos niveles de inteligencia emocional y mayor capacidad para la aparición de estados de "flujo" en pianistas. Los resultados de la dicha investigación mostraron que los pianistas que alcanzaban con mayor facilidad el "flujo" disponían de mayores habilidades para:

▶ Manejar, regular y expresar sus emociones.

▶ Ser más empáticos, alegres y optimistas.

▶ Disponer de mayor capacidad de adaptación.

▶ Ser más asertivos.

El profesor Joydeep Bhattacharya, autor de este estudio, señala que las experiencias de flujo no dependen de aspectos como el tiempo que uno lleva estudiando su instrumento musical, ni de a qué edad empezó a tomar clases. Las experiencias de flujo parecen sin embargo poseer un elevado componente emocional. Los recursos que generan una potente motivación y la habilidad de gestionar positivamente las emociones, se traducen en una persecución más intensa de los objetivos, lo que favorece las experiencias óptimas o de flujo. Aunque son precisas más investigaciones con otros instrumentos y en el ámbito de la voz, estos resultados son prometedores y enfatizan la conveniencia de desarrollar una buena gestión de las emociones en la música.

El tema de la motivación que ahora concluimos nos sirve para enlazar con la segunda parte del libro. Como vimos en el primer capítulo, la preparación para una audición o un concierto resulta incompleta si nos limitamos a estudiar y no acondicionamos nuestra mente a las exigencias del escenario. La preparación psicológica nos ayudará a ser más capaces de orientar nuestra atención hacia la interpretación y a acercarnos cada vez más a un rendimiento más acorde con nuestro verdadero potencial en las actuaciones.

Ideas clave

✓ La motivación implica movimiento y acercamiento hacia aquello que deseamos. El alcance de su fuerza depende del valor que le otorgamos a la actividad musical, de los facilitadores con los que contamos, y de la existencia de posibles obstáculos.

✓ Cada músico necesita descubrir aquello que realmente consigue motivarle y además ser capaz de incentivarse a sí mismo con ello.

✓ Resulta más factible mantener la motivación si consideramos: que nuestras capacidades son expandibles, comprendiendo el porqué de lo que estudiamos, observando modelos interesantes, fijándonos metas atractivas, creando buenos hábitos de trabajo, reduciendo impedimentos, o corrigiendo nuestras creencias negativas.

✓ Las llamadas experiencias de flujo contribuyen a disfrutar de sesiones de estudio más motivadoras por lo que conviene suscitar las condiciones para que aparezcan.

✓ El estado de fluidez suele aparecer cuando: los objetivos son claros, la retroalimentación es inmediata y constante, el nivel de concentración es elevado, y existe un equilibrio entre el nivel de habilidad y el de dificultad.

✓ Investigaciones recientes apuntan a que manejar positivamente las emociones puede facilitar la aparición de experiencias de flujo.

Practicando

▶ Reflexiona un momento sobre tus puntos fuertes y débiles como músico. Escribe en cada una de las tres áreas de abajo el resultado de tu reflexión.

ÁREA	PUNTOS FUERTES	PUNTOS DÉBILES

INTERPRETACIÓN
Comunicación, expresión,
creatividad, calidad ...

TÉCNICA
Afinación, sonido, agudos,
dobles cuerdas, picado ....

PSICOLÓGICA
Confianza, concentración,
motivación, disfrute, manejo de
la presión, miedo escénico ...

▶ Ser consciente de tus puntos fuertes te aportará energía y satisfacción. A partir de los puntos débiles puedes establecer objetivos a corto, medio y largo plazo. Estos objetivos servirán para concentrarte en ellos diariamente y te aproximarán a un mejor rendimiento. Puedes utilizar una gráfica como la de abajo para mantener una perspectiva de los diferentes tipos de objetivos.

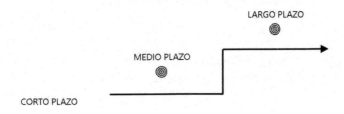

▶ A la hora de fijarte objetivos y sacarles el mejor partido, éstos deben:

 ➤ Ser significativos para ti.

 ➤ Constituir un reto.

 ➤ Ser realistas y alcanzables.

 ➤ Ser específicos y concretos.

 ➤ Ser cuantificables.

▶ Cierra un momento los ojos, e imagina que alcanzas los objetivos que te has fijado a corto, medio y largo plazo.

  ➤ Trata de percibir las imágenes con todo detalle.

  ➤ Nota la sensación positiva al alcanzar cada uno de tus objetivos.

▶ Recordatorios de motivación: Se utilizan para activar la concentración en los objetivos:

  ➤ Pueden ser palabras o frases que te recuerden el significado de tu trabajo.

  ➤ También sirve un pequeño listado con tus objetivos más relevantes.

  ➤ Fotografías de intérpretes que te gusten.

  ➤ Es conveniente tenerlos a la vista, ya sea en el estuche del instrumento o en la sala donde sueles estudiar.

▶ Ten a menudo contacto con buenas interpretaciones. Ellas te aportarán energía e inspiración:

  ➤ Asiste a conciertos. Puedes crear un pequeño grupo de amigos o conocidos con los que quedar y comentar impresiones después del concierto.

  ➤ Toma prestados CDs de alguna biblioteca o de amigos.

  ➤ Busca en YouTube videos de tus intérpretes preferidos y disfruta con ellos.

  ➤ Utiliza programas como Spotify para comparar buenas versiones de una misma obra.

▶ ¿Qué importancia tiene para ti ser un buen músico? Marca la puntuación que te darías al respecto:

            1 2 3 4 5 6 7 8 9 10

▶ Tu compromiso con la música es esencial para poder llegar a alcanzar un buen rendimiento. ¿Es tu compromiso con la calidad de tu estudio y con la preparación para tus actuaciones lo suficientemente fuerte como para ayudarte a alcanzar tus objetivos?

▶ En la medida de lo posible, fíjate objetivos externos que activen tus ganas de prepararte bien y estudiar:

➤ Pruebas para orquestas juveniles.

➤ Actuaciones en iglesias, casas de la cultura.

➤ Concursos.

➤ Actuaciones benéficas en las que sientas que realizas una contribución positiva (ver capítulo 8. Musethica).

➤ Audiciones en tu conservatorio o escuela de música.

➤ Si eres profesor, pequeños recitales en los que actúes para tu clase o para tu departamento.

➤ Cuando tengas bien preparado un pequeño programa o una obra puedes realizar grabaciones de audio o video con el fin de conservarlas o regalarals. Puedes realizar una buena edición de video con títulos, etc.

➤ Asistir a clases magistrales con profesores que te interesen.

➤ Crea un pequeño grupo de cámara por el mero hecho de disfrutar de hacer música.

▶ Recordar y conectarnos por un momento con los motivos por los que en su momento decidimos dedicarnos a la música aporta una valiosa información de nuestros deseos más genuinos. Cuando conectamos con impresiones y experiencias que supusieron un flechazo con la música renace nuestro interés por ella.

➤ Siéntate por un momento y recuerda tus primeros contactos con la música, aquello que hizo que te decidieras de verdad a estudiar música.

➤ ¿Qué te gusta de la música?

➤ ¿Qué te gusta de tu instrumento o del canto?

➤ ¿Qué crees que te aporta ser músico o estudiar música?

➤ ¿Qué consideras que puedes aportar a los demás a través de la música?

SEGUNDA PARTE

5

EL NIVEL DE ACTIVACIÓN

En el capítulo actual empezaremos por conocer el nivel de activación en el que nos conviene encontrarnos para obtener los mejores resultados sobre el escenario. También abordaremos las consecuencias que se derivan de valorar las actuaciones como un reto o bien como una amenaza. Todo ello nos puede situar en una mejor disposición para emprender cambios con los que ganar en seguridad y control en la interpretación.

El nivel de activación

> «La adrenalina me lleva a experimentar una reacción física, pero realmente toco muy bien con ella. Cuando ocurre me permite a la vez estar calmada y atenta. Soy consciente de todo lo que sucede.»
> *Hillary Hann. Violinista.*

Una pregunta que a menudo surge en relación con las actuaciones tiene que ver con el nivel de activación conveniente para conseguir un buen rendimiento. El nivel de activación o «arousal» hace referencia al grado de intensidad fisiológica y psicológica en el que nos encontramos, y se manifiesta en parámetros como la frecuencia de los latidos del corazón o la producción de adrenalina. El nivel de activación puede variar desde muy bajo hasta muy alto. Durante el sueño o el descanso el nivel de activación es muy bajo, y en una situación extrema de peligro muy elevado. ¿Cuál es por tanto el nivel de activación ideal para las actuaciones?

La conocida ley de Yerkes-Dodson relaciona el nivel de activación de la persona con el rendimiento que esta alcanza. Un aumento de la activación produce una mejora proporcional en el rendimiento, pero únicamente hasta cierto punto después del cual el incremento de la intensidad conduce al empeoramiento, tal como queda representado en la siguiente figura:

Como podemos comprobar, unos niveles moderados de activación se corresponden con las condiciones idóneas para obtener los mejores resultados. La actuación genera en estos casos una alerta natural que nos prepara para realizar algo importante, lo que exige un elevado nivel de concentración así como una alta motivación artística y comunicativa. La adrenalina en dosis moderadas presenta un efecto positivo y suscita ese estado de expectación tan conocido antes de una actuación, ese punto especial en el que se suele experimentar un ligero y característico hormigueo en el estómago.

Tanto la falta de activación como el exceso de la misma se corresponden por tanto con un peor desempeño. La apatía o exceso de relajación en el escenario genera una vivencia negativa en el intérprete que correlaciona con falta de motivación y con la ausencia de entusiasmo por comunicar. Aunque se trata de la excepción, existen músicos que por sus particulares circunstancias recurren a algún estimulante como el café antes de salir al escenario. La experiencia les ha mostrado que para poder rendir con mayor brillantez necesitan activar su tono vital y sus reflejos.

Si por el contrario la excitación es muy intensa, como sucede cuando los nervios se apoderan del intérprete, resulta muy difícil controlar la ejecución. Los pensamientos entran en una espiral negativa, las emociones se encuentran desbordadas por la situación y el cuerpo se tensa en exceso.

Las actividades muy complejas que precisan un control motor fino y un mínimo de fuerza como es el caso de la interpretación musical, suelen requerir unos niveles más bajos de excitación que aquellas que implican habilidades motoras gruesas y grandes cantidades de fuerza. Por otro lado tampoco se puede hablar de un nivel de activación óptimo aplicable a todos los intérpretes, ya que algunos pueden llegar a rendir al máximo con unos niveles de activación bajos, mientras que a otros les puede ocurrir lo contrario. No obstante, puesto que una excitación excesiva es el problema con el que se enfrentan la mayor parte de músicos, vamos a centrarnos a continuación en conocer qué factores son los responsable de que esto ocurra.

La evaluación: el elemento clave

«Uno de los grandes ejemplos de un artista que conectaba completamente con la audiencia y que disfrutaba de una gran compenetración con ella era Fritz Kreisler. Alguien dijo una vez que cuando Kreisler tocaba para 3.000 personas, tocaba para 2.999 muy buenos amigos. Esta habilidad para cautivar a una audiencia reside en la configuración psicológica del artista.»
William Primrose. Violista.

La valoración particular, lo que cada uno pensamos a cerca de un concierto, unas pruebas de orquesta o una oposición, resulta determinante en relación con la respuesta de nuestro cuerpo y nuestra mente. Aunque se trata de procesos de pensamiento muy rápidos y que a menudo escapan a la consciencia, el antecedente fundamental de una excesiva excitación en las actuaciones tiene que ver con la forma en la que evaluamos las mismas. Se trata del paso clave en el que podemos intervenir con el propósito de transformar el miedo paralizante en energía que realce positivamente las actuaciones.

 ## La ansiedad escénica

La ansiedad escénica se caracteriza por un miedo desmedido ante las actuaciones. Aunque entre los músicos resulta especialmente molesto también se encuentra presente entre bailarines, actores, deportistas y personas que tienen que hablar en público. En todos estos ámbitos la ansiedad escénica elevada presenta efectos desestabilizadores y lleva a quien la sufre a rendir por debajo de su verdadero potencial.

Las investigaciones muestran que no existe una clara relación entre ansiedad escénica y talento, por lo que su aparición no se limita a un sólo grupo de músicos. Numerosos estudiantes, profesionales y grandes intérpretes la padecen. Entre los casos legendarios que han sufrido enormemente en el escenario se encuentra la pianista Clara Haskil, el violoncelista Pau Casals o el violinista Jehudi Menuhin. El compositor finlandés Jean Sibelius también sufría un enorme miedo escénico. Cuando en cierta ocasión hizo una audición con el fin de optar por una plaza de violinista en la Orquesta Filarmónica de Viena, el jurado lo consideró demasiado nervioso para ser un músico de orquesta, y le denegó su entrada.

 ## Luchar o huir

La sensación inquietante de ser juzgado por los demás junto con una fuerte creencia de que se va a fracasar suelen darse cuando existen niveles muy elevados de excitación en las actuaciones. El miedo es el ingrediente principal en estos casos, y sus efectos son similares a los que experimentamos cuando caminamos por un lugar oscuro y desconocido, o al encontrarnos repentinamente frente a un animal peligroso. La respuesta instintiva es la de prepararnos enérgicamente para luchar o huir.

Esta respuesta automática que experimentan muchos músicos en el escenario incluye una reacción bioquímica. La adrenalina invade súbitamente el torrente sanguíneo y desencadena toda una serie de acontecimientos: el corazón y la respiración se aceleran, los grandes grupos musculares se contraen, la mente se ve incapaz de pensar con claridad, y el organismo realiza un acopio intenso y veloz de energía para defenderse ante un peligro inminente.

Si seguimos cronológicamente los acontecimientos del miedo escénico podremos comprender mejor el mecanismo en su secuencia habitual.

▶ La actuación pública se aproxima.

▶ El acontecimiento se interpreta como un potencial peligro o amenaza.

▶ Si se sobrepasa un determinado umbral de excitación el cerebro activa el mecanismo de emergencia lucha/huida a través del sistema nervioso simpático.

▶ Para responder a la amenaza la adrenalina en sangre moviliza con urgencia física y mentalmente al organismo.

Ante una sobreexcitación de tales características es muy complicado para el intérprete controlar el arco, los dedos o la respiración. En el momento crítico de silencio antes de empezar una audición, la presencia del público y el peso de la responsabilidad se experimentan con tanta intensidad que tanto el cuerpo como la mente se encuentran más dispuestos para pedir a ayuda que para interpretar a Mozart.

La evaluación

Si volvemos al apartado anterior veremos que el segundo punto de la secuencia de aparición de la ansiedad escénica tiene que ver precisamente con cómo valoramos la situación:

▶ La actuación pública se aproxima.

▶ El acontecimiento se interpreta o evalúa como un potencial peligro o amenaza.

▶ Si se sobrepasa un determinado umbral de excitación, el cerebro activa el mecanismo de emergencia (lucha/huida)...

El hecho objetivo es la actuación, pero ella sin embargo no tiene la potestad de generar ninguna reacción por sí misma. La reacción está mediada por el valor que cada persona otorga a la actuación en función de variables como la personalidad, las experiencias previas, el nivel de preparación, la situación, etc. Si el miedo escénico supusiera una respuesta universal, es decir, que afectara al 100% de los intérpretes y en todas las ocasiones, el asunto sería diferente. Sin embargo, existen numerosos músicos que actuando en público mejoran su rendimiento y disfrutan de experiencias satisfactorias.

La diferencia entre el pánico y el disfrute en el escenario queda condicionada por la forma en la que evaluamos un concierto, una prueba, un examen o una audición:

▶ Como amenaza: orientándonos entonces hacia la evitación del fracaso.

▶ Como estímulo positivo: orientándonos hacia la búsqueda de la excelencia, la interpretación y la comunicación.

Las valoraciones que tienen que ver con un peligro exagerado generan respuestas no adaptativas. Como hemos visto anteriormente, el miedo escénico no entiende de niveles de competencia. Pianistas como Arturo B. Michelangeli o Wladimir Horowitz, además de ser grandes artistas, eran conocidos por cancelar un gran número de conciertos al no poder soportar el peso de la responsabilidad sobre el escenario. El hecho de encontrarse tan alto en la esfera artística les llevaba a evaluar las actuaciones como una grave amenaza para la fama o el buen nombre alcanzado.

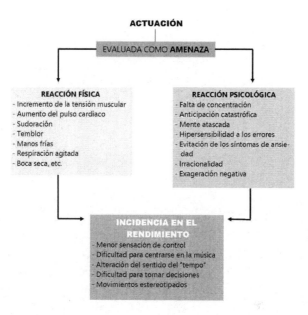

Cuadro resumen de las reacciones tanto físicas como psicológicas que se dan como consecuencia de evaluar las actuaciones como potenciales amenazas.

 ¿Qué conduce a niveles excesivamente elevados de activación?

«Es lógico de alguna manera que el músico, como artista, sea vulnerable. Sensibles e inseguros. Somos transmisores de emociones. Para 'recrear' arte, es necesario estar en un estado anímico especial (en muchos sentidos).»

Asier Polo. Cellista y profesor.

El nivel de sensibilidad y la reactividad de cada músico a los estímulos internos y externos difiere considerablemente debido a factores biológicos y aprendidos. Algunas de las características personales más significativas relacionadas con altos niveles de excitación en las actuaciones que interfieren en el control natural son:

▶ Predisposición personal a sufrir ansiedad.

▶ Bajos umbrales de excitación. Gran reactividad.

▶ Cúmulo de experiencias previas de nervios en el escenario.

▶ Vulnerabilidad a la evaluación de los otros.

▶ Timidez o introversión. Retracción social.

▶ Elevado perfeccionismo.

El caso citado anteriormente de Jean Sibelius encaja claramente en este grupo de características asociadas a las personas comunes en niveles de activación elevados. Las fuentes biográficas disponibles informan que de niño Sibelius era tan nervioso y tímido, que cada vez que en clase tenía que hablar delante de sus compañeros sus profesores tenían que obligarle. En una ocasión en la que el pequeño Sibelius tocó el violín para un pequeño grupo de personas se sentía tan cohibido y nervioso que no tuvo más remedio que girarse y dar la espalda al público mientras tocaba.

El perfeccionismo exagerado merece también una mención especial, puesto que representa una destacada fuente de ansiedad en los músicos. Las expectativas irreales sobre uno mismo y sobre la ejecución llevan a las personas muy perfeccionistas a preocuparse desmesuradamente por la posibilidad de cometer errores. Incluso los pequeños fallos representan un fracaso y son convertidos en categoría. La mente del músico perfeccionista en exceso tiende a centrarse mucho más en los defectos que en los logros alcanzados, y la consecuencia de ello es una hipersensibilización ante el error, lo que produce gran desestabilización en situaciones de presión como las actuaciones en público.

El psicólogo Glenn Willson ha estudiado en profundidad los factores causantes de la ansiedad escénica en intérpretes. Este reconocido investigador considera que existe un grupo de variables relacionadas con la tarea, en las que también podemos encontrar explicación a sufrir unos elevados niveles de excitación responsables de un descenso del rendimiento. Algunas de ellas son:

❱ Obras por encima del nivel actual del intérprete.

❱ Estudio insuficiente.

❱ Estudio inadecuado.

❱ Falta de habilidades requeridas para la actuación (caminar sobre el escenario, saludar, expresión corporal, dirigirse al público...)

Cuando falta estudio y la obra está cogida con pinzas, como se suele decir, el músico es más vulnerable a la presión de la situación de concierto. Cualquier pequeño contratiempo o error desencadena inmediatamente la respuesta de lucha/huida, lo que suele conducir a interpretaciones accidentadas y descontroladas.

Las diferentes circunstancias de cada actuación también inciden en la valoración que realizamos de ellas. Algunos factores situacionales que afectan en mayor o menor medida al nivel de activación del intérprete son:

❱ Grado de proximidad del público.

❱ Las situaciones novedosas.

❱ Alto nivel de presión, como tocar en una sala de conciertos importante, retrasmisión por televisión o radio, concursos.

❱ Solos de orquesta, banda o cualquier tipo de agrupación.

❱ Llegar tarde o con prisas al lugar de la actuación.

❱ Descuido de las condiciones físicas y psicológicas previas (falta de sueño o descanso).

❱ Salas con una acústica muy diferente a la habitual.

❱ En el caso de pianistas y organistas especialmente, tocar en diferentes instrumentos.

❱ La cantidad de músicos que actúan.

En ocasiones el factor situacional representa una mayor fuente de estrés que la dificultad de la obra a interpretar. Los solistas de orquesta lo saben muy bien. Existen solos que a pesar de no contar con un alto nivel de dificultad generan tanto nerviosismo que se convierten en verdaderas pesadillas para quienes tienen que ejecutarlos. Un ejemplo de ello es el comienzo de la 4ª sinfonía de Bruckner, donde el clima sonoro de expectación generado por las cuerdas antes y durante el solo de trompa convierte esta intervención en una de las más temidas por estos instrumentistas. Lo mismo podemos decir del comienzo del Bolero de Ravel. La aparentemente sencilla intervención de la caja, en la que se muestra por primera vez el motivo rítmico de la obra, representa una dura prueba de autocontrol. Las circunstancias en las que tiene lugar este solo deposita en el percusionista una gran responsabilidad que no es nada fácil de llevar.

El cellista y profesor Asier Polo, uno de los intérpretes españoles con mayor trayectoria internacional, comentaba la experiencia sucedida hace unos años en la que tuvo que vérselas con unos altos niveles de activación en el escenario.

La primera vez que toqué el concierto de Schumann en la Expo de Lisboa sufrí un pánico horroroso. Son situaciones que te asustan un poco la primera vez, son tus primeras apariciones en sitios nuevos, no estás tan seguro con la obra. Piensas, «no lo puedo hacer, no sirvo para esto, mejor hago otra cosa, lo dejo, lo dejo...». ¡Me tuvieron que empujar al escenario! El director me obligó a salir e hice lo que pude. Luego, al día siguiente, toqué fenomenal. Pensé, «no puede ser».

Años después de estas palabras, Asier Polo nos brinda unas interesantes reflexiones sobre estas circunstancias que representan una aportación muy valiosa:

Creo que para muchas personas esa experiencia que tuve puede que sirva de ejemplo, y seguro que a más de uno incluso le sorprenderá, viniendo de alguien, en principio bastante seguro y tranquilo como yo. Creo también que esta situación se dio por varios factores:

▶ *Primera vez interpretando una obra de arte de primera categoría, como es el concierto de Schumann.*

▶ *Un país extranjero en el cual no había tocado nunca.*

▶ *Expo universal; con conciertos e intérpretes de gran relevancia. Etc.*

Nunca más me ha vuelto a ocurrir un episodio de estas característi-
cas y sigo disfrutando de la música y el escenario con la misma ilusión
que la primera vez.
    ¡La experiencia también es un grado! No es lo mismo tocar una obra
por primera vez que haber tenido la oportunidad de hacerlo 50 veces.
Por experiencias personales positivas y negativas que la vida te obli-
ga a vivir, supongo que aprendes a quererte más, y a relativizar la im-
portancia de las cosas. Eso me hace poder disfrutar más de las cosas que
me gustan.

 Cómo valoramos la excitación que generan las actuaciones

«Me gusta mucho actuar. Se trata de una mentalidad diferente
por la manera en la que el cuerpo reacciona a la situación. Es una
reacción química en tu cuerpo diferente a cuando estudias, de
forma que piensas automáticamente diferente»
Hilary Hann. Violinista

Los procesos de evaluación que estamos analizando también incluyen la
forma que tenemos de interpretar los efectos que la adrenalina produce
en el organismo. Como vimos en la gráfica de la ley de Yerkes-Dodson,
una excitación moderada ante la actuación genera una disposición positiva, y un incremento de la concentración que lleva a los mejores resultados. Sin embargo, ese incremento natural de activación que contribuye sobre el escenario a la expresión y a la comunicación, es valorado
a menudo como una amenaza. Nos sentimos nerviosos y tratamos de
evitar compulsivamente esas sensaciones. Los síntomas normales de excitación antes de la actuación que experimentan hasta los más consagra-
dos solistas se identifican erróneamente como una señal de peligro.
    Como veremos en el capítulo 8, aprender a manejar y sobrellevar la
activación moderada que acompaña a las actuaciones es de vital importancia. No somos conscientes de que si tratamos de evitar esa excitación
normal producimos el efecto contrario, es decir, un incremento expo-
nencial del miedo. En lugar de rechazarla, es preferible considerarla

como parte de una reacción natural que conviene aceptar. Si aprendemos a canalizar adecuadamente el nivel moderado de activación podremos utilizarlo a nuestro favor realzando aspectos como el interés, la concentración, la interpretación y la comunicación.

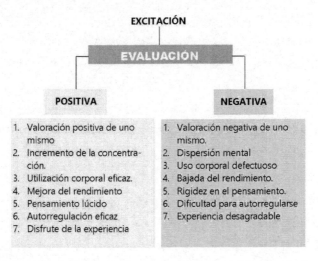

Algunas de las diferencias más representativas entre valorar la excitación de concierto como estimulo positivo, o bien como amenaza.

 ## Cambiar la valoración de las actuaciones

«En cada concierto vivo enormemente el momento. Necesito tener lo inesperado, lo imprevisto. Quiero ser sorprendido por lo que surge. Quiero disfrutarlo más que la audiencia. De esta manera la música puede florecer de nuevo. Es como hacer el amor.
La acción es siempre la misma, pero cada vez es diferente.»
Arthur Rubinstein. Pianista.

«El público me lo ha dado todo. Es mi fuente de motivación, mi punto de referencia, mi ámbito de respeto. A veces te hace sentir nervioso, inquieto. Otras, te emociona, te sobrecoge. No podría cantar para mí solo. El público se ha convertido en mi fuente de energía.»
Plácido Domingo. Cantante.

La predisposición personal junto con otros factores relacionados con la tarea o con la situación que hemos visto pueden inclinar la balanza hacia el lado de una activación excesiva y perjudicial. Sin embargo, el mensaje esperanzador es que a través de la práctica es posible conseguir una respuesta diferente.

Modificar la manera en la que evaluamos las actuaciones resulta por tanto uno de los pasos decisivos para reconciliarnos con el público. Conseguir que nuestro dispositivo interno se encuentre orientado hacia el lado de la búsqueda de la excelencia implica trabajo personal. Se trata de un proceso a partir del cual podemos reafirmarnos en aquello que nos conduce a ser más fuertes y positivos, y cuyos beneficios sobrepasan el ámbito de lo musical. Un proceso que incluye un cambio de actitud y de conducta.

En los conservatorios y las escuelas de música son bien conocidas las inquietantes sensaciones antes de salir a una audición o a un examen. Un gran número de estudiantes lo pasan verdaderamente mal, no sólo por la propia ansiedad, sino por la frustración que supone rendir muy por debajo del verdadero potencial.

El proceso positivo que sin embargo he observado con los alumnos de grado superior consiste en que poco a poco muchos de ellos tienden a contemplar de otra manera lo que antes era valorado como «horrible». Gracias a la experiencia ganada y a la práctica, las evaluaciones que realizan de sus compromisos en público son con el tiempo diferentes, lo que les permite controlar mejor la situación y dar lo mejor de sí mismos.

David Palanca, estudiante del último curso de clave de grado superior en el CSM de Aragón representa un ejemplo de esta evolución positiva. Hace unos años cada audición o actuación eran motivo de una enorme incomodidad. Sus pensamientos durante una audición eran el reflejo de un intenso nerviosismo que le impedía disfrutar de la experiencia: «No puedo, soy incapaz, lo dejo estar». Según comenta el propio David, el hecho de hablar abiertamente de su situación con profesionales de la música le hizo comprender que se trata de un problema que puede ser debido a múltiples factores, y que necesitaba cambiar su mentalidad para mejorar. En paralelo se presentaron más audiciones:«El nerviosismo era el mismo, pero mi mente fue liberándose de la preocupación para centrarse por completo en la música».

En 2014 David Palanca continuó su satisfactoria evolución, sintiéndose con mayor seguridad y pudiendo disfrutar en mayor medida de sus actuaciones. El hecho de tocar un mismo programa repetidas veces y en lugares diferentes le ayudó enormemente. Ese mismo año obtuvo el 1er Premio en el Concurso Nacional de Jóvenes Intérpretes de Juventudes Musicales de España, y la Mención de Honor y Premio Honorífico del Público en el Concurso Internacional «Young Bach Awards».

David Palanca durante una de sus actuaciones.

Este es el reto positivo que nos vamos a plantear en los próximos capítulos. A través de diferentes aproximaciones veremos cómo es posible pasar poco a poco de la parálisis producida por el miedo, a una actitud más decidida y comprometida con la música y con nosotros mismos.

En los capítulos siguientes aprenderemos a:

▶ Modificar la forma en la que pensamos sobre los errores y sobre nuestras capacidades.

▶ Utilizar la visualización con el fin de generar imágenes efectivas en la preparación de las obras, y evocar situaciones en las que exponernos al excesivo nerviosismo.

▶ Cultivar movimientos más libres, e incrementar la sensación de control fluido sobre el escenario.

▶ Manejar la descarga de adrenalina de una forma constructiva.

▶ Aprender a aceptar unos niveles de activación moderados.

▶ Diseñar y planificar estrategias escalonadas para que la mente consiga evaluar el contacto con el público de forma adaptativa.

▶ Reconducir la atención a la interpretación.

▶ Experimentar con otros planteamientos musicales.

Ideas clave

✓ El nivel de activación viene representado por variables fisiológicas (velocidad de los latidos del corazón, respiración, tensión muscular ...) y psicológicas (naturaleza de los pensamientos, emociones, etc...)

✓ Los procesos evaluativos son clave para entender por qué se desencadena un nivel de nerviosismo excesivo.

✓ La respuesta de lucha/huida, que está diseñada para protegernos de un peligro real, se activa a menudo en las actuaciones y genera un descenso en la sensación de control.

✓ El buen rendimiento interpretativo suele asociarse con niveles moderados de activación.

✓ La revisión de las causas más comunes de ansiedad escénica (personales, relacionadas con la tarea, y relacionadas con la situación) puede contribuir a introducir cambios efectivos que lleven a un mayor control sobre el escenario.

✓ La exposición continuada a actuaciones junto con una revaloración de las circunstancias ejerce una influencia positiva sobre el intérprete.

Practicando

▶ La respiración abdominal

La respiración profunda y abdominal, caracterizada por emplear más tiempo en la espiración que en la inspiración, se ha mostrado especialmente beneficiosa para producir un efecto calmante. Antes de una actuación recuerda el gráfico que relaciona rendimiento y nivel de activación. Antes de una actuación puede ser muy útil practicar durante unos minutos este tipo de respiración que contribuye a rebajar el nerviosismo y situar el nivel de activación en un nivel moderado.

Es recomendable practicar y familiarizarse con este ejercicio en situaciones normales, es decir, sin la presión de ninguna actuación, de forma que dominemos su funcionamiento y la podamos aplicar eficazmente:

➤ Los primeros días puedes practicar la respiración abdominal acostado. Posteriormente puedes hacerlo sentado o de pie. Cuando estés sentado procura que la espalda se encuentre naturalmente erguida para no obstaculizar el desplazamiento del diafragma.

➤ Las primeras veces coloca una mano encima de tu pecho y la otra sobre el abdomen. Al tomar aire comprueba que la mano que se eleva es la que se encuentra sobre el abdomen.

➤ Toma el aire por la nariz y suéltalo por la boca a través de una ligera apertura de los labios. También puedes soltarlo por la nariz si quieres hacerlo de forma más discreta.

➤ Cuenta mentalmente 3 tiempos para inspirar, haz una pausa de 2 conteniendo el aire y espira durante 5 tiempos. Puedes utilizar un metrónomo ocasionalmente para mantener una velocidad constante. La pulsación sería de 60.

➤ Mientras realizas el ejercicio céntrate en las sensaciones conscientes de entrada y salida del aire, y en el movimiento de vaivén que se produce en tu vientre.

➤ Mantener tu mente centrada en la respiración también contribuirá a que ejerzas un control natural sobre tu pensamiento en los momentos previos a la actuación.

▶ Puntos clave de tensión

Revisa en tu cuerpo los puntos en los que suele producirse más tensión muscular. Prueba a interpretar alguna obra difícil, o ponte en una situación de más presión como puede ser grabarte en video o en audio.

➤ La tensión muscular suele localizarse en la nuca, los hombros. la mandíbula, la garganta, la espalda (parte superior o inferior), piernas, brazos, piernas, o manos.

➤ Familiarízate durante el estudio en ser capaz de soltar la tensión en los puntos clave cuando la identifiques.

▶ Recuperarse de los fallos

Cuando se produce un error durante la actuación el músico suele acusarlo tanto fisiológica como psicológicamente. El incremento de adrenalina lleva a perder momentáneamente el control muscular e incluso a temblar. Al mismo tiempo, el pensamiento acelerado y descontrolado supone otra interferencia manifiesta al considerar que el error que hemos hecho es «horrible».

Partimos de la idea de que es conveniente contemplar la interpretación de una forma más global y no tan centrada en la ausencia de errores. Aún así nos interesa estar preparados para manejar los fallos inesperados que pudieran darse en la actuación, en especial al principio.

Los pasos que vemos a continuación contribuirán a que sigas centrado en la interpretación y a dejar atrás los pequeños errores que pudieran suceder.

➤ Trata de recordar cuál es tu reacción al cometer un error durante una actuación:
  ☑ Qué pensamientos te vienen a la cabeza.
  ☑ Cómo reaccionas corporalmente.
  ☑ Cómo influye en tu rendimiento.

Reflexiona de vez en cuando sobre la importancia de plantear tus actuaciones de una forma positiva y orientada hacia la excelencia, y no hacia la evitación del error. Relee de vez en cuando el capítulo primero para convencerte a un nivel cada vez más profundo del valor de buscar la calidad y la expresión, en lugar de permanecer limitado por ser simplemente correcto (sin errores).

Motivación para ...

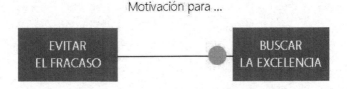

➤ Acepta el error si aparece sabiendo que lo más inteligente que puedes hacer es recobrarte con naturalidad y focalizarte inmediatamente en seguir comunicando.

➤ Toma consciencia de tu control corporal y libera la tensión muscular en los puntos clave de los que hemos hablado anteriormente.

➤ Ten preparada una palabra o una frase clave como por ejemplo: ¡sigo! ¡me centro! ¡comunicar! De esta forma tomarás las riendas de tu pensamiento y minimizarás la parte crítica que quiere intervenir negativamente.

➤ Puedes ejercitar este procedimiento al estudiar o en actuaciones de carácter más informal. Así podrás familiarizarte con él y automatizarlo para situaciones más comprometidas.

▶ Buena preparación y elección adecuada de obras

Cuando vimos las causas de un excesivo nerviosismo en las actuaciones nos referimos a un grupo de variables que se encuentran relacionadas con la tarea.

➤ Especialmente para aquellos que padecen de mayor nerviosismo es importante elegir obras de un nivel accesible o con las que se encuentren muy familiarizados. En la medida en la que avancen en el manejo del nerviosismo puede aumentar progresivamente el nivel de dificultad de las obras. Reunir experiencias satisfactorias en el escenario con obras más sencillas ayudan enormemente a dar el siguiente paso.

➤ Trabajar bien y suficientemente las obras que van a ser interpretadas en una actuación también resulta importante para aquellos más sensibles a la presencia del público.

6

PENSAR MEJOR PARA ACTUAR MEJOR

En este capítulo nos vamos a centrar en la influencia que ejerce nuestra manera de pensar sobre las emociones, especialmente sobre el miedo que experimentamos ante una actuación. Veremos cómo es posible modificar los patrones de pensamiento que conducen a unos niveles excesivamente altos de activación. El objetivo es ser capaces de mantener sobre el escenario nuestros cinco sentidos orientados en la música.

Lo que pensamos y lo que sentimos

«Sólo pensar en un concierto ante el público me da pesadillas.»
Pau Casals. Cellista.

El maestro Pau Casals en 1954.

La naturaleza de nuestros pensamientos determina en gran medida si somos capaces de manejar satisfactoriamente la situación en el escenario, o si por el contrario nos sobrepasa la responsabilidad. El diálogo interno que tenemos con nosotros mismos antes y durante la actuación contiene la clave de las emociones que experimentamos y que condicionan nuestro rendimiento. La conexión plena con la música se encuentra por tanto favorecida o entorpecida por el contenido predominante de nuestra conversación interior.

Los esquemas de pensamiento que afectan a nuestras actuaciones están conformados por:

▶ Las creencias sobre nosotros mismos o sobre los hechos.

▶ Los juicios de valor que realizamos.

▶ Nuestras actitudes ante los retos, las dificultades ...

▶ Las metas a las que aspiramos.

El excesivo nerviosismo en las actuaciones se caracteriza entre otras cosas por la irracionalidad, el perfeccionismo exagerado y el catastrofismo. Se trata de esquemas de pensamiento que ejercen una influencia negativa sobre nuestro funcionamiento. Aunque no seamos conscientes de ello, los pensamientos amenazantes generan preocupación que influye en:

▶ El organismo:
Ya vimos en el capítulo anterior la cantidad de síntomas fisiológicos que produce el mecanismo de lucha y huida (alteración en la respiración, sudoración, temblor...)

▶ El estado de ánimo:
Miedo, pánico, ansiedad. El célebre cellista Pau Casals estaba tan nervioso la noche en la que hacía su presentación en Viena que se le escapó el arco de las manos y fue a caer al auditorio. En completo silencio los espectadores fueron pasándose el arco de una fila a la otra hasta que retornó de nuevo al músico.

▶ La conducta:
Estudio convulsivo antes o después de las actuaciones, evitación de actuaciones. Algunos grandes intérpretes cancelan en ocasiones conciertos por los nervios.

Puesto que lo que pretendemos son interpretaciones exitosas y gratificantes nuestra tarea consiste en estimular un diálogo sano y positivo con nosotros mismos. Si somos capaces de transformar nuestra manera de pensar podremos alcanzar un mayor equilibrio emocional y crear las mejores condiciones para orientar toda nuestra energía hacia la interpretación.

La secuencia real de la emoción

«No hay nada malo ni bueno en sí mismo, es nuestro pensamiento el que lo transforma.»
Hamlet. Acto II, escena 2. William Shakespeare

Aprender a pensar mejor comienza por comprender que los hechos por sí mismos no generan una respuesta emocional. Cuando estamos nerviosos ante una actuación tendemos a asociar automáticamente la actuación con el miedo y el descontrol.

Sin embargo, como avanzamos en el capítulo anterior, actuar en público no produce miedo desestabilizador en todas las ocasiones. Este tipo de respuesta no se da ni en el 100% de los músicos, ni en todas las ocasiones, por lo que llegamos a la evidente conclusión de que una actuación no genera directamente la emoción de miedo. Tal como manifiesta la psicología cognitiva, aquello que conduce al desenlace de la ansiedad escénica es nuestra particular interpretación del hecho, es decir, lo que nos decimos a nosotros mismos sobre la actuación. Los efectos desestabilizadores del miedo se manifiestan por tanto, sólo en aquellas circunstancias en las que por diversas razones nuestra mente llega a la conclusión de que el concierto supone una amenaza peligrosa.

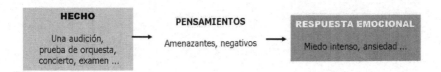

Hay solistas que por saturación de conciertos o por otras causas llegan a aburrirse en el escenario. Esta sensación tiene muy poco que ver con el miedo. Otros sin embargo, siguen recurriendo a betabloqueantes para hacer frente a la presión que sienten en cada actuación a pesar de los años. La valoración que cada uno realiza de la situación resulta en ambos casos decisiva en relación con la vivencia ante el público.

Recuerdo una cena con el entrañable saxofonista Pedro Iturralde en la que me contaba infinidad de anécdotas divertidas de su carrera. Después de echar varias veces un vistazo al reloj me vi obligado a decirle: "maestro, siento interrumpirle pero son las 10, y su concierto empieza a las 10.30. Será cuestión de que nos demos prisa". Nos saltamos el postre y pedimos sin más preámbulos un taxi. La verdad es que en el caso del Pedro Iturralde no había ni asomo de preocupación ante la actuación, y el concierto fue un verdadero éxito.

El saxofonista Pedro Iturralde.

Nuestras creencias

«Antes de un concierto me digo a mí mismo, ¡Grisha,
no estés nervioso, tu eres el gran Piatigorsky! ¿Y eso ayuda? —le
preguntó un amigo.¡No! ¡No creo en mí mismo!»
Sobre el cellista Gregor Piatigorsky.

En nuestras creencias más profundas encontramos una explicación a la excesiva ansiedad frente a un concierto. Muchas de ellas nos han sido inculcadas cuando éramos niños o bien se han ido gestando a través de nuestras experiencias. A través de las creencias que hemos confeccionado sobre nosotros mismos y sobre nuestro devenir en la música interpretamos los hechos que nos suceden. Lo esencial es que las consideramos verdades absolutas y les hacemos caso ciegamente. Veamos algunos ejemplos relacionados con la interpretación:

▶ No soy suficiente bueno con mi instrumento o cantando.

▶ Para que esté bien, tiene que estar todo perfecto.

▶ Cometer un error es horrible.

Estas conclusiones se encuentran instauradas en lo más profundo de nuestra mente y actúan en silencio entrelazadas en el conjunto de nuestras vivencias. Las creencias poseen mucho poder, lo que se refleja en el hecho de que tendemos a defenderlas con uñas y dientes, incluso aunque nuestra parte consciente piense de otro modo, como sucede en la cita sobre el gran cellista Piatigorsky.

Cuando la información que llega a nosotros no se ajusta a las creencias archivadas en nuestra memoria solucionamos esta discrepancia afirmando las creencias que ya se encuentran firmemente instaladas.

Si por ejemplo creemos que:

¡Tocar bien significa tocar sin errores!

A pesar de estar realizando una buena actuación, cuando se produzca un error llegaremos automáticamente a la conclusión de que no estamos tocando bien, porque: "¡Tocar bien es tocar sin errores!". Es una cuestión de economía del pensamiento que conduce a que perpetuemos continuamente la información almacenada en la memoria. Las creencias negativas poseen una gran intensidad y poder ante una actuación, lo que genera unos elevados niveles de nerviosismo.

 ## Los sesgos negativos

Otro elemento a tener en cuenta en relación con nuestra manera de pensar lo constituyen los sesgos de pensamiento. Aunque existen sesgos de diversa naturaleza los que más nos interesan para comprender los altos niveles de preocupación y nerviosismo en las actuaciones son los relacionados con la atención, la memoria y la percepción.

▶ Los "sesgos de atención" nos llevan a prestar más atención a los errores, ya que se encuentran más asociados a creencias que identifican error con amenaza. La detección de errores fortalece entonces la idea de que va a ocurrir una "catástrofe".

▶ Los "sesgos de la percepción" tienen que ver con las conclusiones erróneas a las que llegamos a partir de aquello que observamos o pensamos. Los encontramos a menudo cuando por ejemplo, cometemos un error al principio de una actuación y pensamos: "Si ya al comienzo de la obra he fallado, que será cuando llegue a la parte difícil".

▶ Los "sesgos de memoria" nos llevan a recordar con mayor facilidad y nitidez aquello que coincide con las creencias que mantenemos grabadas. Si estoy convencido de que actuar en público es terrible tenderé a recordar aquellas situaciones en las que sentía lo mismo. Los estados de ánimo también contribuyen a que la memoria evoque determinadas experiencias: el miedo intenso lleva a recordar más situaciones en las que padecimos esa emoción.

Estos tres tipos de sesgos se combinan de múltiples maneras y dan como resultado pensamientos distorsionados y negativos que son el germen de emociones desbordadas y exageradas. En definitiva, cuanto más amenazantes resulten las conclusiones a las que llegamos menos capaces resultan sus consecuencias.

Las valoraciones exageradas

«No hay hechos sino interpretaciones.»

Fiedrich Nietzsche

En nuestro recorrido por aquellos mecanismos que nos llevan a pensar de forma poco efectiva en relación con las actuaciones llegamos a otro fenómeno interesante. Se trata de los procesos evaluativos que ya comentamos en el capítulo anterior. En general, las valoraciones de las situaciones pretenden establecer si los hechos son positivos o negativos para nosotros, y representan una característica importante para nuestro equilibrio emocional.

El nerviosismo elevado se relaciona con valoraciones exageradas y negativas concernientes a las actuaciones en público. Aquí dispones de unas cuantas:

▶ Sería horrible desafinar este pasaje.

▶ Es terrible no poder dar todo mi potencial.

▶ Sería horrible ponerme nervioso.

▶ Ha sido un desastre, he fallado el pasaje de las octavas.

Aunque valoraciones tan dramáticas no contribuyen a sentirnos seguros en el escenario son muy comunes en personas con mayor vulnerabilidad y sensibilidad social. En el fondo lo que está en juego es la imagen que consideramos que los demás van a tener de nosotros, y no es de extrañar que a un violinista le tiemble el arco si plantea una audición en términos tan catastróficos.

Incluso solistas del más alto nivel sufren de la tenaza de los nervios. En estos casos las expectativas tanto de sí mismos como las que las audiencias depositan ellos son muy elevadas, por lo que estos artistas llegan a dudar de su capacidad para cumplir con ellas. La célebre cantante Teresa Berganza comenta que cuando en 1957 tuvo su primer debut internacional en el Festival de Aix-en-Provence, la crítica dijo que era la mejor mezzosoprano del siglo, lo que le llevó a experimentar un miedo enorme al sentir de repente una gran responsabilidad. Como comenta la gran cantante con gran sentido del humor: me hicieron bien la pascua al decir de mí eso.

Si somos cada vez más conscientes de que nuestra mente tiende a exagerar y nos ejercitamos además en el fortalecimiento psicológico contribuiremos poco a poco a no calificar de terribles u horribles las vicisitudes relacionadas con la actuación. Ser capaces de ver con mayor perspectiva y racionalidad el contacto con el público nos confiere además la calma suficiente para aprender de las experiencias y seguir mejorando en nuestro recorrido musical.

 ## El perfeccionismo rígido

«Desde luego que no hay una fórmula para el éxito, a excepción quizás de una aceptación incondicional de la vida y de lo que ella depara.»
Arthur Rubinstein. Pianista.

Son muchos los estudios que muestran una clara correlación entre ansiedad y un perfeccionismo exagerado y rígido. A pesar de que para avanzar es necesario durante el estudio buscar la precisión y corregir los errores, obsesionarse por la perfección absoluta en todas las circunstancias no suele dar los mejores resultados. La apuesta artística de muchos de los grandes intérpretes va mucho más allá de la ausencia de errores, y se dirige a inagotables caminos de excelencia, creación y comunicación. Por añadidura, el perfeccionismo no es en muchos casos el anhelo de la perfección en sí misma, sino de la perfección a los ojos de los demás, lo cual supone una trampa limitadora y una hipoteca del proceso de desarrollo musical y personal.

El pensamiento perfeccionista rígido se caracteriza en esencia por la no aceptación de los errores, lo que conlleva un gran desequilibrio emocional. Cuando pensamos de esta forma exagerada no comprendemos que cualquier actividad humana incluida la interpretación es susceptible de errores e imperfecciones, lo que nos lleva a permanecer continuamente preocupados por las equivocaciones. Se trata de un modo de pensar que transcurre a contracorriente del fluir natural de la vida.

Recuerdo cuando hace unos años coincidí con el saxofonista y catedrático del Conservatorio Superior de París Claude Delangle en unos cursos internacionales de música. Al margen de la impecable técnica y de su exquisita manera de interpretar me sorprendió la inteligente aproximación a las actuaciones de esta referencia mundial del saxofón. Aún tratándose de un músico tan exigente, Claude Delangle es capaz de flexibilizar su disposición en el escenario en la búsqueda de una mejora constante. Durante el curso le gustaba comentar conmigo cuestiones referentes a la postura y el uso corporal que le parecían de interés, hasta tal punto que antes del concierto final llevado a cabo por los profesores me dijo: «Me gustaría que me echaras un vistazo cuando toque la obra para dos saxofones. Quiero probar un par de cosas en cuanto a la posición de los hombros, aunque se me descontrole algo algún pasaje. Te haré una señal cuando llegue el momento para que te fijes, y después del concierto lo comentamos.» Así lo hizo. Cuando se acercó dicho pasaje me buscó con la mirada entre el público y probó a tocar unos compases con la posición de los hombros que quería experimentar. Se le fueron efectivamente unas notas pero demostró una actitud flexible que le llevó a aprovechar positivamente dicha ocasión con el propósito de experimentar de forma constructiva nuevas posibilidades. Ser muy exigente en lo musical no está reñido con una flexibilidad estratégica que conduce a continuas mejoras.

El saxofonista Claude Delangle en el transcurso de una masterclass.

Aceptar las imperfecciones como parte de un proceso continuado de aprendizaje representa una de las características esenciales de una mentalidad sana, humana y efectiva. Al músico que aspira a conseguir cosas interesantes en el mundo de la interpretación le conviene saber que no hay otra manera de aprender, y en definitiva de llegar lejos. Además, la experiencia muestra a menudo que aceptar un posible "fracaso" desactiva por sí mismo el mecanismo de su evitación, con lo que desciende curiosamente el nivel de ansiedad y la atención queda liberada para focalizarse con mayor profundidad en la música. Como veremos en nuestro último capítulo, a pesar de que la música ocupa un lugar privilegiado en la vida de un instrumentista o un cantante, revisar nuestra filosofía de vida resulta provechoso en muchos sentidos. Al perfeccionista exagerado le puede ayudar pensar que más que la ausencia de error o la perfección le interesa alcanzar la excelencia, la búsqueda de la máxima calidad.

Pensar de otra manera

> «Convierte siempre una situación negativa en una positiva.»
> *Michael Jordan. Baloncestista.*

Percibir la actuación como un reto positivo que incentiva nuestras ganas de comunicar y agudiza nuestra concentración representa nuestro objetivo principal. La capacidad de mantener nuestro foco de atención en la música depende en gran medida de que poseamos unos hábitos sanos y positivos de pensamiento.

 Identificar y sustituir los pensamientos negativos

Un primer paso para comenzar dicha tarea consiste en identificar aquellos pensamientos irracionales y negativos que suponen una interferencia en nuestro buen funcionamiento, y sustituirlos por otros más operativos. La psicología cognitiva se ha encargado de categorizar dichos pensamientos y ha podido demostrar su conexión con niveles altos de ansiedad. Algunos de los más comunes en contextos interpretativos son:

▌ Sobregeneralización:

  ➤ Siempre me sale fatal en público.

  ➤ Nunca consigo tocar como quiero.

▶ Descalificación de lo positivo:

➤ Creen que he tocado bien pero no tienen ni idea.

➤ El sonido no estaba mal, pero no era suficientemente bueno.

▶ Pensamiento todo o nada:

➤ Me está saliendo todo mal.

▶ Anticipación catastrófica:

➤ Estoy seguro que se me va a ir la memoria.

➤ Voy a equivocarme en la reexposición.

En el apartado Practicando veremos efectivas propuestas para neutralizar este tipo de pensamientos y crear las mejores condiciones para pensar de forma más sana y constructiva. De momento es importante clarificar que por diversas razones tendemos a plantear las cosas a la tremenda, de forma que el mecanismo de lucha/huida se activa y genera un nivel de excitación excesivo incompatible con buenas actuaciones.

La reestructuración del pensamiento que plantea la psicología cognitiva ha resultado altamente efectiva para mejorar la experiencia de intérpretes con niveles elevados de ansiedad escénica. A este respecto es importante destacar que en los casos graves es conveniente recurrir a un profesional especializado en este tipo de planteamiento terapéutico. Sin embargo, al margen de las situaciones más complejas cualquier músico puede mejorar sus sensaciones sobre el escenario si aprende a reconocer sus patrones negativos de pensamiento, los cuestiona racionalmente, y los sustituye con persistencia por otros más adaptativos.

Dirigir la atención a la música

«Lo que yo intento es simplemente concentrarme siempre en la
música, y no en cómo he tocado.»
Itzhak Perlman. Violinista.

Las investigaciones en el área de las actividades interpretativas muestran que la atención representa un destacado papel en relación con el
nivel de rendimiento en las actuaciones. Los trabajos del psicólogo
Glenn Willson muestran que el foco atencional durante las actuaciones
puede dirigirse hacia:

▶ Uno mismo:
   Cuestionando aspectos que tienen que ver con la propia apa-
   riencia o con cómo uno está interpretando.

▶ La audiencia:
   La forma en la que reacciona, si muestra o no interés, quién
   puede estar presente.

▶ La música:
   Cuestiones expresivas o técnicas, los puntos de tensión musical,
   la emoción que suscita.

Las mejores interpretaciones y los niveles más reducidos de ansiedad suceden cuando el intérprete se encuentra absorto en la tarea, es
decir, en la acción musical en sí misma. Cuando la atención queda atra-
pada en aspectos que tienen que ver con uno mismo o con la audiencia
los índices de preocupación aumentan desencadenando con facilidad la
respuesta de lucha/huida.

El reto consiste por tanto en redirigir una y otra vez la atención hacia los aspectos artísticos y expresivos de la música, de forma que el
interés genuino por la interpretación renazca continuamente. El planteamiento de M. Csíkszentmihályi, que vimos en el capítulo dedicado a
la motivación, puede ser de gran ayuda con el fin de generar las condiciones que nos llevan a los estados llamados de flujo:

▶ Objetivos muy definidos.

▶ Retroalimentación constante e inmediata de lo que se produce.

▶ Dificultad de la tarea ajustada al nivel de habilidades.

▶ Absorción completa en la tarea.

▶ Interés genuino por la actividad.

 Auto-instrucciones

La práctica de auto-instrucciones también ha demostrado ser eficaz para reconducir la atención a la acción musical y reducir el excesivo nerviosismo sobre el escenario. En esencia, se trata de sustituir los pensamientos hipercríticos que producen distracción y suponen una interferencia en el transcurso de la interpretación por autoafirmaciones mentales. Estas afirmaciones están especialmente dirigidas a focalizar el proceso interpretativo en sí mismo, con lo que en realidad suponen un entrenamiento de la atención.

El investigador M. J. Kendrick y sus colaboradores comprobaron que tras un periodo de instrucción y práctica en este tipo de afirmaciones los músicos con niveles de nerviosismo más altos consiguen significativamente mayor control de la situación. A modo de ejemplo, la práctica continuada con instrucciones como las siguientes contribuyen a que el intérprete recupere el control sobre su actuación:

▶ Me centro en la calidad del sonido.

▶ Llevo la tensión musical hasta el final de la frase.

▶ Escucho el acompañamiento del piano.

La mente alterada por el nerviosismo tiende a focalizarse en la preocupación. Los centros del cerebro encargados de las emociones se encuentran sobrepasados por el pánico y gobiernan la conducta de una manera atolondrada. La explicación de la eficacia de las autoafirmaciones de este tipo estriba en que gracias a ellas las zonas del cerebro encargadas de coordinar las acciones con mayor eficacia tomen las riendas de la situación y lo hagan con mayor acierto.

Como hemos visto en este capítulo nuestra manera de pensar tiene mucho que decir en relación con las sensaciones que experimentamos

en las actuaciones. Cambiar los patrones de pensamiento que nos limi-
tan por otros más sanos y efectivos contribuye enormemente a rebajar
los niveles de nerviosismo y a ser más capaces de centrarnos en la música.

Ideas clave

✓ Nuestros pensamientos sobre los hechos son responsables
de nuestra respuesta emocional, ya sea en positivo o en negativo.

✓ Cuando la mente se altera por la preocupación genera pensamientos negativos y distorsionados responsables de todavía mayores niveles de nerviosismo.

✓ Identificar y corregir las creencias negativas que tenemos
sobre nosotros mismos, sobre la música y sobre lo que significa tocar en público, contribuye a disponer de una actitud más saludable al actuar.

✓ Centrarse plenamente en la música durante las actuaciones
representa una mejor opción que hacerlo sobre uno mismo, o preocuparse en exceso por la audiencia.

✓ El perfeccionismo rígido genera altos niveles de nerviosismo en las actuaciones que suele derivar en una gran frustración.

✓ La práctica de autoafirmaciones centradas en la tarea ayuda
a fijar el foco de atención del intérprete en la música y a incrementar su sensación de control.

Practicando

▶ Auto-diálogo positivo
Como hemos visto en el capítulo, aquello que nos decimos a
nosotros mismos ejerce una clara influencia en nuestro estado

de ánimo. La enorme exigencia en el mundo de la música clásica lleva a menudo a desarrollar un auto-diálogo especialmente crítico y negativo. Es como si tuviéramos una pequeña voz que nos recriminara constantemente todo aquello que no hacemos bien y que anticipa los mayores desastres. Recuerda el gráfico que vimos en el capítulo al que ahora le añadimos algunos ejemplos de pensamientos amenazantes o negativos.

A través de la práctica continuada puedes transformar tu voz crítica en un estímulo para la acción. Vamos a ver el procedimiento de trabajo.

➤ Conoce la manera habitual que empleas al hablar contigo mismo:

☑ Cuando estudies.

☑ Antes, durante y después de una actuación .

➤ Para ello necesitas ser consciente de tus pensamientos. Escribe durante unos días en un papel o libreta, todos aquellos pensamientos negativos relacionados con tu estudio o con la situación de concierto. Aquí tienes algunos ejemplos: Este sonido es horrible. Un principiante es capaz de hacerlo mejor que yo. Estás quedando en ridículo ....

➤ Comprende que este tipo de mensajes hacia ti mismo son desestabilizadores. Tienen su origen en la parte nuestra que pretende continuamente un nivel de perfección absoluta, pero cuando son exagerados sus efectos son devastadores para nuestro equilibrio. Estos mensajes negativos van calando en nuestro subconsciente especialmente en situaciones de mayor estrés.

➤ Ahora se trata de reescribirlos. Lee tu lista de pensamientos negativos e intenta desmontarlos desde tu parte más racional. Piensa que son exageraciones de la mente que poco tienen que ver con la realidad, pero que te influyen negativamente. Comprueba si alguno de tus pensamientos exagerados encaja en alguna de las categorías que vimos en el capítulo y que tienes de nuevo aquí: sobregeneralización, descalificación de lo positivo, pensamiento todo o nada y anticipación catastrófica.

➤ Sustituye cada pensamiento negativo por otro más ajustado a una concepción personal y musical más sana y positiva. Sé constructivo en lugar de destructivo. Observa el ejemplo:

Pensamiento negativo: Me va a salir todo fatal en la audición.

☑ Tipo de distorsión: Anticipación catastrófica y sobregeneralización.

☑ Ajuste constructivo: Es cierto que estoy nervioso y que eso se manifiesta en pensamientos tan exagerados como este. Lo mejor que puedo hacer es aceptar los nervios y centrarme en hacerlo lo mejor posible. Quiero involucrarme al máximo en la música.

➤ Sé perseverante con este procedimiento con el propósito de que se automatice en ti mismo el mecanismo que se encargue de sustituir los pensamientos negativos por un planteamiento más racional y positivo.

▶ Crear un grupo de trabajo
Uno de los mayores inconvenientes a la hora de conseguir aumentar la sensación de control en el escenario lo representa el

hecho de que no es tan sencillo encontrar situaciones en las que se incrementen los niveles de adrenalina para practicar las herramientas de exposición y afrontamiento. Crear un grupo de trabajo con compañeros o amigos puede en parte cumplir esta función, y ayudarnos a ejercitar nuevas habilidades. Algunos consejos para ello serían:

➤ Generar en ocasiones las mismas situaciones que se darían en la actuación: iluminación, vestido, aplausos, saludos...

➤ Practicar las diversas herramientas que van apareciendo en el libro.

➤ Tomar consciencia de la forma de evaluar la situación.

➤ Planificar simulaciones de actuación que incluyan día, hora y lugar.

➤ Aprender a manejar los errores que se den durante la ejecución.

➤ Sentirse libre en el grupo para comentar las sensaciones y emociones relacionadas con tocar delante de los demás.

Grupo de cámara compuesto por alumnas de CSM de Aragón en plena experiencia de interpretación.

▶ Pases previos

➤ Nuestra mente necesita familiarizarse con la presencia del público y con la situación de concierto. En este proceso encontramos a menudo la clave para que se produzca un misterioso "click" en el interior por el que se incrementa con naturalidad la seguridad sobre el escenario.

➤ Una buena forma de conseguirlo es a través de actuaciones de menor grado de compromiso en las que rodar un programa. Muchos estudiantes que van a realizar su recital de fin de grado superior llevan a cabo pases previos de media parte o del programa entero en diversos lugares concertados por sus profesores o por ellos mismos (conservatorios, escuelas de música, colegios, casas de cultura ...).

➤ Aunque suponga un esfuerzo organizativo el resultado merece la pena. Como vimos al principio del libro, pasar de la cabina de estudio sin la preparación adecuada a una actuación importante suele ser una temeridad. Nuestros mecanismos de alerta detectan infinidad de diferencias entre ambas situaciones que en definitiva les llevan a activar el dispositivo de lucha/huida.

➤ También los solistas que tienen un compromiso importante planifican con tiempo un buen número de pases previos en lugares menos comprometidos en los que rodar las obras y ponerse a prueba en diferentes situaciones. La experiencia ganada en este periplo les sitúa en mejores condiciones para afrontar los retos que implican mayor presión y responsabilidad.

Durante una de nuestras clases de estudio musical en el CSMA en la que los estudiantes se ponen a prueba frente a sus compañeros con las obras que tienen que presentar para sus audiciones o conciertos.

7

LIBERTAD CORPORAL Y VISUALIZACIÓN

Interpretar con movimientos libres

«Tocar con movimientos libres que han sido practicados al estudiar y son transferidos al escenario representa una gran ayuda al tocar en público.»
Mimi Zweig. Profesora de violín en la Universidad de Indiana.

«Si tienes el arco siempre tenso, muy pronto lo romperás.»
Fedro. Siglo I d.C.

Nuestro acercamiento a actuaciones más satisfactorias no puede olvidar un aspecto esencial. El cuerpo es una maquinaria orgánica de precisión y el verdadero medio para la interpretación, pero su funcionamiento es muy sensible al nerviosismo. El gran pedagogo del piano H. Neuhaus consideraba la naturalidad, la relajación y la libertad, cualidades imprescindibles para el buen desempeño musical. Sin libertad de movimientos es imposible resolver eficazmente la dificultad que entrañan muchas de las obras del repertorio, ni transmitir al público un mensaje musical exento de interferencias.

El estado óptimo sobre el escenario es aquel en el que la interpretación se experimenta con fluidez y el cuerpo actúa con libertad. Cuando mente y cuerpo trabajan con armonía, los pensamientos, las emociones y los movimientos interactúan en una sinergia productiva que promueve el acercamiento a la excelencia musical. Integrar la consciencia corporal, el cuidado del gesto y la búsqueda de la naturalidad en la práctica musical diaria representa un sólido pilar para abordar mejor cualquier actuación:

▶ Somos más capaces de ejercer un control corporal natural en situaciones de concierto si nos encontramos familiarizados con él en el ámbito del estudio.

▶ Al experimentar habitualmente las sensaciones que se corresponden con un cuerpo bien coordinado y libre es más factible evocar y suscitar dichas sensaciones en circunstancias comprometidas.

Centros educativos como la prestigiosa Escuela Yehudi Menuhin de Londres para niños y jóvenes talentos saben muy bien la importancia de cuidar el equilibrio e incluyen en su formación disciplinas como la técnica Alexander o el yoga, además de danza o diversos deportes. En la Escuela Menuhin consideran que el talento no lo es todo, y a pesar de las extraordinarias dotes para la música que poseen muchos de sus alumnos estos aprender a sentar las bases de una buena postura y de un buen uso corporal. El objetivo consiste en ejercer un control natural sobre su interpretación tanto durante el estudio como en sus conciertos.

 Buscar la facilidad de movimientos

«Con mis alumnos insisto mucho en la importancia de la técnica. La conciencia del físico y su importancia para la óptima producción del sonido.»
Asier Polo. Cellista y profesor.

«Con el violín, algo común que sucede cuando estás muy excitado es que todo transcurre tan rápido que llegas a tener un poco de temblor. Cuando esto sucede, es como que dos grupos mus-

culares están luchando uno contra otro. Selecciono la lucha de un grupo muscular ,y simplemente le digo a esa parte del cuerpo: ¿Vale, ahora relájate!»
Hilary Hann. Violinista.

La característica principal de un buen funcionamiento corporal al hacer música queda representada por el equilibrio entre la tensión y la relajación. El tono muscular es necesario para la acción al igual que lo es la relajación:

Si la tensión muscular es elevada en exceso o se produce en zonas indebidas el resultado se traduce en la realización de movimientos rígidos y peor coordinados.

Si por el contrario existe falta de tono muscular en determinadas partes clave para hacer música la acción es ineficaz.

El equilibrio entre tensión y relajación propicia que los músculos funcionen de una forma coordinada. Es decir, que trabajen sólo los necesarios, y además lo hagan en su justa medida. La consecuencia es una sensación corporal y personal gratificante que favorece la precisión y la libertad de los movimientos.

Si el planteamiento musical se limita exclusivamente a mover los dedos con rapidez sin tener presente el funcionamiento integrado del cuerpo, el rendimiento tiende a disminuir y la experiencia no es tan satisfactoria. La intensidad del estudio junto con la carga que supone una actividad regular de ensayos y conciertos lleva muy a menudo a repetir posturas forzadas y patrones de tensión excesiva. Este ámbito incesante de funcionamiento corporal se encuentra también muy relacionado con recurrir a un control rígido de la ejecución en las actuaciones.

Para salir de una visión reduccionista y limitada de la interpretación necesitamos concienciarnos de que mediante una buena disposición mental y una utilización integrada de la globalidad del cuerpo los dedos se mueven con mayor destreza, el sonido es más rico y libre, y la música fluye con mayor facilidad. En el caso de los cantantes, la cuestión del equilibrio entre tensión y relajación, y entre lo mental y lo corporal, es si cabe más decisiva.

Partiendo de este concepto dispones a continuación diversas sugerencias para emprender un camino hacia mayor libertad corporal en la actividad musical:

▶ A través de desarrollar la consciencia corporal podemos identificar mejor aquello que entorpece un funcionamiento natural. Para ello es conveniente comprobar en cada momento del estudio que no realizamos más esfuerzo muscular que el requerido.

▶ Realizar un inventario de las zonas en las que suele darse más tensión muscular tanto al estudiar como ante las actuaciones te ayudará a neutralizar mejor sus efectos.

▶ Mejorar la postura ayuda a que los movimientos que realizamos al cantar o tocar un instrumento sean más integrados y libres. Una alineación natural no tiene nada que ver con mantener la espalda rígida y recta a toda costa, sino con una disposición corporal que facilite una acción coordinada y armónica.

▶ El equilibrio postural se puede alcanzar a través de clarificar las partes que componen el eje vertical de alineación, así como incentivando la apertura a nivel horizontal.

➤ Al hacer música de pie ten presente un eje vertical imaginario que va de la cabeza a los pies. La cabeza dirige suavemente la respuesta antigravitatoria hacia arriba, lo que activa de forma armónica la musculatura del llamado reflejo postural.

➤ Comprueba a través del espejo y de tus sensaciones internas que no fuerzas nada al estimular el alargamiento natural de tu espalda.

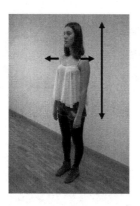 

➤ Al hacer música sentados, el eje principal se sitúa desde los isquiones (los huesos de la cadera que se apoyan sobre el asiento) hasta la cabeza. Las piernas y los pies representan un soporte natural que contribuye al sustento y equilibrio del torso.

➤ Sentado o de pie, comprueba que los hombros quedan abiertos. De esta forma facilitamos la expansión del torso y con ella la libertad y amplitud de la respiración.

▶ El cellista Asier Polo considera que analizar las acciones y los movimientos contribuye a clarificar las dificultades que se presentan en el estudio. Ser capaces de describir y desglosar en unidades básicas lo complejo es una inteligente forma de construir interpretaciones más sólidas y libres.

▶ Puesto que mente y cuerpo interactúan constantemente es importante cuidar nuestra actitud psicológica tanto al estudiar como en los ensayos y en las actuaciones. Las prisas, el perfeccionismo exagerado o el descontrol emocional crispan nuestros músculos y agotan nuestras energías.

▶ Cultivar una actitud flexible presenta grandes ventajas. Ivan Galamian, uno de los grandes pedagogos del violín del siglo XX, disponía de la habilidad de adaptar flexiblemente sus enseñanzas a las particularidades anatómicas y psicológicas de sus alumnos, consiguiendo de esta manera los mejores resultados. Michael Rabin, Itzhak Perlman o Pinchas Zuckerman fueron algunos de sus brillantes alumnos.

▶ Existen músicos que asocian intensidad expresiva con un innecesario nivel de tensión muscular. La intensidad emocional sin control deriva en un exceso de activación general que suele saturar al público y que además es muy vulnerable a la presión de las actuaciones.

▶ Contar con numerosas experiencias de relajación y soltura ya sea en la activad musical o fuera de ella, nos permite tomar contacto con estados de mayor equilibrio físico y mental. Además, gracias a experimentar a menudo la relajación los momentos de tensión y excitación excesivos resultan más evidentes, y por tanto más capaces de ser identificados.

▶ El cellista David Apellániz le otorga una gran importancia a la amplia variedad de colores del sonido que se pueden obtener con su instrumento. Un buen uso del cuerpo desempeña un papel fundamental para conseguirlo. Como señala este excelente cellista, la capacidad de liberar el brazo del arco y emplear adecuadamente su conexión con el torso posibilita una gran amplitud en el sonido.

▶ Incluir el estudio mental entre nuestras herramientas de estudio contribuye a conseguir interpretaciones más seguras y corporalmente más libres. Salir por un momento del instrumento y visualizar movimientos naturales y precisos, activa en nuestra mente una interesante búsqueda que conduce a acciones musicales más económicas.

▶ Es conveniente ensayar situaciones en las que practicar el control dinámico del cuerpo. Es decir, supervisar que el cuerpo actúa con libertad al realizar visualizaciones de actuaciones, pases para una o 2 personas, pequeñas audiciones, etc.

▶ El violinista Nicolás Chumachenco es un ejemplo de excelencia artística. Su carrera como concertista internacional junto con una fructífera y dilatada labor pedagógica en la Escuela Superior de Música de Friburgo lo hacen merecedor de un reconocido prestigio. Para esta gran figura de la interpretación la búsqueda del equilibrio corporal ha supuesto y sigue siendo un camino de realización personal y musical. En el ámbito pedagógico, su interés por el desarrollo integral del músico le ha llevado a despertar en numerosas generaciones de violinistas la inquietud por algo más que la ejecución de notas correctas. Entre las cualidades que Nicolás Chumachenco suscita en sus alumnos se encuentra la exigencia artística, la disciplina personal, la utilización de buenos medios corporales, la libertad y calidad del sonido, y la autenticidad en la interpretación.

El violinista Nicolás Chumachenco, muestra de equilibrio entre los diversos planos del intérprete y profesor (artístico, mental, corporal y espiritual)

Practicar técnicas corporales

«No es el grado con el que lo "deseamos" o lo "intentamos" lo que va a hacer efectivo lo que 'deseamos' o 'intentamos', sino la forma con la que es dirigida la energía.»
Frederick Mathias Alexander. Creador de la técnica Alexander.

Ya sea en el ámbito del estudio o en las actuaciones a práctica de alguna técnica corporal puede representar una gran ayuda para encontrar mayor libertad al hacer música. La técnica Alexander ha demostrado que su práctica continuada con un profesor cualificado reduce la tensión muscular excesiva asociada a la ansiedad escénica. Las investigaciones que llevó a cabo la psicóloga Elisabeth Valentine en Londres pusieron de relieve que los estudiantes de música que habían sido entrenados con esta técnica mostraban una mejoría significativa en la variación de la frecuencia cardiaca, los niveles de ansiedad manifestados por ellos mismos, y una actitud positiva hacia la interpretación.

Los beneficios de reeducar el uso de la unidad cuerpo-mente que propone la técnica Alexander entraña considerables beneficios en relación con la interpretación y la salud de los músicos. No en vano está incorporada como elemento relevante de la formación musical en centros como la Royal Academy y Royal College de Londres, la Juilliard School de Nueva York, el Curtis Institut de Filadelfia o el Conservatorio Superior de París. En nuestro contexto más cercano la técnica Alexander se imparte en la Escuela Superior Reina Sofía, el Conservatorio Superior de Música de Aragón, la Escuela Superior de Música de Cataluña o Musikene; y en orquestas como la Orquesta de Valencia, y la Orquesta Sinfónica de Barcelona y Nacional de Cataluña.

Otras técnicas corporales también se han consolidado a través de los años y representan una enorme ayuda para desarrollar la consciencia corporal con el fin de alcanzar un mayor equilibrio en la música. Entre ellas se encuentra la Eutonía, la técnica Feldenkrais, el Yoga, o el método Trager. Es recomendable permanecer abierto a las diferentes propuestas de cada una de estas técnicas con el fin de elegir aquella que se ajusta más a los gustos y necesidades particulares.

 No todo es cuestión de talento

«El artista no es nada sin el talento, pero el talento no es nada sin trabajo.»
Émile Zola.

Cuidar desde la base una actitud corporal sana aporta múltiples beneficios, tal como decíamos al principio del capítulo en relación con los talentosos niños de la Escuela Menuhin de Londres. El propio Jehudi Menuhin fue con 18 años uno de los violinistas más destacados de su época. Sin embargo, pasada la juventud no se libró de experimentar en primera persona lo que significa sufrir miedo escénico junto con otras dificultades que pusieron en grave peligro su permanencia en los escenarios. Gracias a un maduro proceso de reconsideración de su actividad musical, y ayudado por la práctica del yoga, Menuhin inició un camino de descubrimiento y recuperación. Posteriormente dedicó una gran energía a difundir la importancia del cuidado del cuerpo en el ámbito musical a través de libros, videos y clases magistrales, en una clara reivindicación de que contar sólo con el talento es insuficiente para hacer frente con éxito a las exigencias de la carrera musical y del escenario.

Conceder valor a interpretar con soltura y libertad es clave para ganarle terreno a la tensión excesiva e innecesaria que tan a menudo se observa entre los músicos. Los beneficios de hacer música utilizando el cuerpo de forma natural son considerables:

▶ Mayor plenitud y gratas sensaciones en la interpretación.

▶ Mayor salud y menor desgaste en la actividad.

▶ Control de la interpretación fluido en lugar de rígido.

▶ Disminución de los niveles de estrés.

▶ Incremento de la seguridad y confort al tocar en público.

▶ Ventajas mecánicas del cuerpo.

▶ Mayores niveles de fiabilidad. Cuando se acompaña la ejecución con una excesiva tensión los gestos tienden a ser más irregulares, en especial en pasajes más dificultosos.

▶ Mayor flexibilidad y coordinación en acción.

Si quieres profundizar sobre la aportación de la técnica Alexander a la interpretación musical puedes encontrar diversas propuestas en mis libros *Técnica Alexander para Músicos. La zona de confort* y *Optimiza tu Actividad Musical. La Técnica Alexander en la Música*.

El estudio mental y la visualización

«Estudiar no sólo es tocar tu instrumento, también incluye ima-
ginarte a ti mismo practicando. Tu cerebro crea las mismas conexiones neuronales y memoria muscular tanto si te estás imaginando la tarea como si estás haciéndola.»
Yo-Yo Ma. Cellista

El estudio mental es una poderosa herramienta que podemos emplear
para mejorar la preparación de las actuaciones. Generalmente se utiliza
como complemento de la práctica física con el propósito de contribuir
a un estudio más eficaz. Además, el estudio mental contribuye a confi-
gurar una sólida estructura interna de la música, lo que concede una
mayor seguridad sobre el escenario. Con este tipo de práctica progra-
mamos mente y cuerpo para que funcionen de la manera deseada en la
ejecución real. Las áreas perceptivas que esencialmente se practican
son:

▶ Las auditivas: imaginarse el resultado sonoro global, la calidad
del sonido, la afinación, la interpretación ...

▶ Las visuales: visualizar la postura, la posición y el movimiento
de partes concretas del cuerpo, la presencia en el escenario.

▶ Las cinestésicas: imaginar el nivel de tensión o relajación muscular, la sensación de movimiento.

Mediante la visualización es posible recrear en nuestra mente la acción que queremos que suceda en la realidad sin que se produzca movimiento muscular. Según las investigadoras S. Blakemore y U. Frith, la
formación de imágenes motoras se encuentra estrechamente relacionada con la preparación del movimiento, puesto que las áreas del cerebro
que intervienen tanto en la visualización como en la acción real son las
mismas. Este es el motivo por el que la práctica mental es tan utilizada
en aprendizajes motores como los que se llevan a cabo en la música o
en el deporte.

El violinista vienés Fritz Kreisler era conocido por su enorme capacidad para aprender partituras mentalmente. De una forma intuitiva
consideraba que la técnica instrumental se encontraba más en la propia

mente del músico que en las manos, y abogaba por crear una imagen mental de las acciones involucradas en la ejecución. Un caso asombroso de estudio mental fue el llevado a cabo por el pianista Arthur Rubinstein, quien en cierta ocasión se vio obligado a aprender en un viaje en tren de París a Madrid las Variaciones Sinfónicas de César Franck para piano y orquesta. Una vez que Rubinstein llegó a Madrid fue directo al ensayo, y tras el mismo se encargó de afianzar con el instrumento los pasajes inseguros en las horas de que dispuso hasta la actuación. Según comenta el mismo Rubinstein, después de un intenso trabajo consiguió realizar finalmente un buen concierto por la noche.

El estudio mental puede emplearse en todas las fases de estudio que vimos en el capítulo 3. Algunas de las utilidades de la visualización en el estudio son:

▷ Mejorar la fase de lectura.

▷ Conseguir mayor libertad de movimientos.

▷ Superar dificultades técnicas o musicales

▷ Desarrollar habilidades técnicas o interpretativas.

▷ Hacer más efectivo el estudio.

▷ Entrenamiento de habilidades psicológicas.

▷ Fijar objetivos a corto, medio o largo plazo.

▷ Mejorar el aprendizaje y la memoria.

▷ Aumentar la seguridad y la resistencia en el escenario.

▷ Conseguir un mayor control sobre las emociones negativas.

▷ Economizar trabajo físico con el instrumento o con la voz.

▷ Evitar molestias y lesiones físicas por exceso de estudio.

Practicando el estudio mental

«Creo que todo está en el cerebro. Piensas en un pasaje y sabes exactamente cómo lo quieres.»
Fritz Kreisler. Violinista.

A continuación dispones de algunas recomendaciones para la realización del estudio mental basadas en diversas investigaciones:

▶ Se recomienda comenzar con una breve relajación muscular previa a la práctica mental. El estado ideal para este tipo de práctica es de relajación corporal y alerta mental.

▶ Conviene ser selectivo y utilizar el estudio mental para mejorar aspectos del estudio que lo necesiten.

▶ Los resultados son mejores si se combina la práctica mental con la práctica física.

▶ El procedimiento básico de trabajo combinado consiste en pasar mentalmente un fragmento y ejecutarlo físicamente a continuación.

▶ La pasada mental contribuye en este caso a clarificar la acción y a permanecer más receptivos a la hora de supervisar los resultados en la ejecución real.

▶ Es conveniente mantener el mismo "tempo" en la visualización que en la acción real.

▶ La precisión de las visualizaciones es fundamental. Es necesario asegurarse de que lo que uno imagina es correcto (ritmo, valores, notas, movimientos ...) ya que de ello depende su efectividad.

▶ Cuanto más vívidas sean las imágenes más poder poseerán en la práctica real.

▶ Cuando la tarea resulte compleja conviene simplificarla visualizando sólo una de las acciones que la componen: manos separadas por ejemplo, o la acción de la dirección del aire primero y después las digitaciones (instrumentos de viento). Una vez conseguida suficiente claridad mental aisladamente es el momento de simultanear las dos acciones.

▶ Las sesiones de estudio mental cortas y regulares suelen dar mejores resultados que las largas e infrecuentes.

▶ Incluir la vivencia de las emociones contribuye a hacer más dinámica y vívida la visualización relacionada con la práctica de aspectos interpretativos y expresivos.

▶ Muy a menudo podemos resolver las dificultades de una obra o cualquier material de estudio sin necesidad de la acción física. La visualización contribuye a clarificar los elementos que conforman el problema con el fin de encontrar una solución.

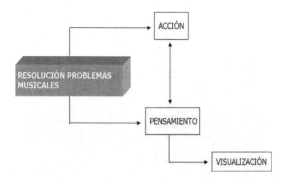

Incluir la visualización en la resolución de problemas técnicos o interpretativos puede representar una gran ayuda.

Un interesante caso de utilización del estudio mental lo encontramos en el violinista español Pablo Suarez, concertino invitado en orquestas como la Orquesta Filarmónica de Marsella o la Orquesta de Cámara Reina Sofía, y profesor en el Conservatorio Superior de Música de Aragón. Este excelente violinista realiza habitualmente un profundo trabajo mental de las obras que va a interpretar en público. Su atención se centra en enviar las señales correctas y precisas desde su mente a los dedos de la mano izquierda, a la mano del arco, y en definitiva a todos aquellos elementos corporales que intervienen en la ejecución. El objetivo es ejercitar desde el pensamiento toda una serie de instrucciones que configuran una sólida representación psicofísica de las obras.

Pablo Suarez considera que la preparación mental de un recital entraña una doble perspectiva: el trabajo riguroso de enviar desde el pensamiento instrucciones adecuadas para conseguir la precisión de los movimientos, y además, la integración del componente interpretativo y artístico. Enlazar ambos trabajos implica un verdadero reto que conduce a un conocimiento más profundo de las obras.

El violinista Pablo Suarez incluye en su preparación un interesante y profundo estudio mental.

 ## La visualización para preparar la actuación

Las imágenes sobre las experiencias que hemos tenido en público se almacenan en nuestra memoria y ejercen una gran influencia sobre nuestra disposición futura en el escenario. Algunas de esas imágenes pueden no ser muy positivas: un fracaso inesperado, alto nivel de nerviosismo, lapsus de memoria o concentración debidos a la preocupación. Sin embargo, con la práctica adecuada de la visualización es posible contar con un buen número de "películas" en las que nos mostramos con mayor seguridad y más centrados en la interpretación. Nuestro rendimiento en público se encuentra muy condicionado por el balance positivo o negativo del contenido de nuestra "videoteca" particular.

El objetivo principal de la práctica de este tipo de visualización consiste en imaginarnos a nosotros mismos actuando y realzando aquellas características que nos interesan potenciar, como puede ser la seguridad, las ganas de comunicar, el interés por la interpretación y en definitiva la entrega al 100% en la tarea. Se trata de entrenar una orientación plena y decidida hacia la interpretación mediante imágenes en las que logramos plenamente involucrarnos positivamente en la música.

 ## Visualización como exposición a la fuente de ansiedad

«Un hombre que huye de lo que teme, a menudo comprueba
que sólo ha tomado un atajo para salirle al encuentro.»
J. R. R. Tolkien .

Cuando existe un miedo intenso ante la actuación la tendencia más común consiste en evitar por todos los medios experimentar las sensaciones asociadas al miedo. La enorme excitación producida por la acción de la adrenalina se vive como algo aversivo. Sin embargo, las investigaciones sugieren que la evitación no sólo perpetúa el problema, sino que además lo agrava. Aunque a corto plazo supone un alivio momentáneo, con esta reacción automática estamos complicamos las cosas.

En lugar de evitar las sensaciones desagradables que suscita el miedo podemos modificar nuestra respuesta, y con el entrenamiento debido aprender a afrontarlas mejor. Se trata justo de lo último que desearíamos hacer, pero ahí radica una parte importante de la solución. Uno de los desafíos en nuestra preparación psicológica para la actuación consiste por tanto en enfrentarnos progresivamente al miedo sin pretender evitar sus desagradables manifestaciones. Algunos especialistas utilizan la metáfora del combustible para referirse al afrontamiento de la irracionalidad que representa el miedo exagerado. El depósito de combustible imaginario situado en nuestra mente (los miedos irracionales) se va quemando a través de la exposición gradual y continuada a la fuente de ansiedad, liberándonos entonces de sus negativas consecuencias.

A continuación se presentan algunas consideraciones con el fin de trabajar la visualización de la situación de actuación tomando como referencia la técnica de la desensibilización sistemática de Joseph Wolpe. En esencia, se trata de romper el hábito condicionado de miedo/ evitación. La práctica consiste en permanecer gradualmente expuestos a aquello que nos produce miedo hasta que con la práctica se reduce la ansiedad y somos capaces de contemplar la situación de una manera más adaptativa. Cuando los niveles de ansiedad son muy altos es aconsejable realizar este trabajo con un profesional cualificado de la psicología. Aquí dispones de algunas sugerencias para practicar esta modalidad de visualización:

▶ Planificar cuándo y dónde se va a llevar a cabo la práctica de la visualización.

▶ Disponer de un lugar donde poder llevar a cabo las sesiones tranquilo y sobre todo sin interrupciones.

▶ Con el propósito de garantizar la efectividad de la práctica es conveniente determinar con antelación en qué va a consistir el trabajo:

➤ La situación concreta sobre la que se quiere trabajar (una prueba, audición).

➤ El material musical utilizado: pasajes, obras.

➤ Tempos elegidos.

➤ Duración de la práctica.

➤ Número aproximado de repeticiones a realizar.

➤ Cuándo concluir la sesión: Es fundamental acabar la sesión sólo cuando la ansiedad generada por la exposición haya disminuido.

▶ Realizar una breve práctica de relajación antes de comenzar la visualización (2-5 minutos suelen ser suficientes).

▶ Visualizar de la forma más vívida posible la situación de concierto. Esto incluye:

➤ La indumentaria que se llevará.

➤ El momento previo a salir al escenario.

➤ La salida, los aplausos de bienvenida y el saludo al público.

➤ La disposición del escenario y el público, la iluminación.

➤ El momento de afinar, colocar las partituras y disponerse a comenzar.

❱ Visualizar la ejecución.

❱ Tomar consciencia de las sensaciones, de la respiración y del nivel de tensión muscular, permitiendo que se manifieste el miedo libremente.

❱ Se pueden incorporar auto-instrucciones con el fin de dirigir mejor el curso de la visualización.

❱ No concluir la visualización hasta estar seguros de que los niveles de nerviosismo hayan disminuido.

El afrontamiento convenientemente realizado y reiterado va quemando el "combustible" que tenemos en el interior y que contiene innumerables miedos irracionales. Cuanto más familiar nos parezca este tipo de situaciones menos se disparará el mecanismo de lucha/huida, con lo que quedaremos más liberados para centrarnos en la música.

VISUALIZACIÓN		
ESTUDIO	**ACTUACIÓN**	
Lectura	Ensalzar aspectos positivos	
Clarificar pasajes	Familiarizarse con situación	
Resolver problemas	Afrontamiento	Esquema de las diversas
Interpretación	Concentración	aplicaciones de la visualización.
Uso corporal	Puesta en escena	

Ideas clave

✓ La búsqueda de la naturalidad y de libertad de movimientos en el estudio propicia mejores condiciones para ejercer un control corporal fluido en situación de concierto.

✓ Pensar en el cuerpo como una unidad donde cada parte desempeña su función dentro de un todo contribuye a un mejor rendimiento musical.

✓ Las actitudes psicológicas positivas generan un mejor contexto de funcionamiento corporal. Mente y cuerpo interactúan constantemente.

✓ El estudio mental permite "programar" el rendimiento musical que se pretende obtener en la ejecución real, y ofrece enormes beneficios tanto para el estudio como para las actuaciones.

✓ Visualizar la situación de concierto nos ayuda a familiarizarnos con la situación, y a afirmarnos en aquellas características que nos ayudan a obtener los mejores resultados.

✓ La visualización también permite la exposición a la fuente de nerviosismo que suponen las actuaciones y "quemar" de esta manera los miedos asociados a las mismas.

Practicando

▶ Contrastar las sensaciones corporales mediante el espejo. Durante el calentamiento diario en tus sesiones de estudio dispones de una buena ocasión para utilizar el espejo con el fin de cuestionar y mejorar tus sensaciones internas. Se trata de algo similar a lo que realizan los bailarines al comienzo de sus sesiones de práctica: mirar en el espejo, atender a las sensaciones del cuerpo, comparar y mejorar. Cuando trabajes con una escala o un estudio, mantén una atención parpadeante entre fuera (espejo) y dentro (tus sensaciones).

➤ Esta comparación te permitirá "afinar" mejor en la apreciación de tus sensaciones internas.

➤ Como consecuencia de la costumbre y del fenómeno de la habituación solemos dar por válidas sensaciones corporales que no lo son. El objetivo con esta práctica consiste en utilizar un medio empírico (el espejo) para comprobar cuestiones posicionales.

➤ Pregúntate a menudo: ¿Se ajusta lo que veo ahora en el espejo con lo que siento corporalmente?

SENSACIÓN POSICIONAL
cabeza
espalda
brazos
piernas
pies
instrumento

COMPARAR →

IMAGEN EN ESPEJO
cabeza
espalda
brazos
piernas
pies
instrumento

AJUSTAR

▶ Construir la libertad de movimientos
Simplificar un fragmento y construir desde su estructura movimientos más libres contribuye a desprendernos de tensiones innecesarias y a economizar energía.

➤ Lee este fragmento de la sonata nº 2 en si bemol mayor de A. Corelli para violín y continuo.

Allegro

A continuación toca sólo la primera nota de cada compás y comprueba que te encuentras en una buena postura y disposición corporal.
Revisa los puntos clave de posible tensión en el cuerpo y mantente siempre libre.

Toca de nuevo la primera nota de cada compás como antes, e imagina o tararea el resto.

> ➤ Sigue manteniendo una buena disposición corporal mientras incorporas elementos musicales como el rigor en el tempo, la calidad del sonido en la nota que tocas o el gusto musical tanto en lo que tocas como en lo que tarareas.

> ➤ Finalmente toca el fragmento entero cuidando la libertad de tus movimientos.

▶ Grabación en vídeo
Ya sea durante una sesión de estudio o en una actuación grabarte en video puede ofrecerte información de primera mano sobre tu postura y tus movimientos mientras haces música. Una de las ventajas con respecto al espejo es que te permite visionar y pa-

rar la imagen las veces que quieras, lo que contribuye a aumentar la información sobre ti mismo en acción.

Puede resultar interesante observar en las imágenes del vídeo los siguientes aspectos:

- Dependiendo de si la actividad musical se realiza sentado o de pie, el modo de empleo de los elementos de apoyo (pies, piernas y la parte inferior de tu espalda.

- Grado de alineación de la cabeza con el tronco.

- Apertura de los hombros y posible acortamiento de la postura.

- Inclinación excesiva hacia los lados.

- Posición de elementos concretos (boca en instrumentos de viento, brazos, manos, dedos).

- Sujeción y posición del instrumento musical.

- Grado de correspondencia de los movimientos realizados con la expresión musical.

- Diferencias de actitud corporal entre el estudio y la interpretación en público (reunir grabaciones de ambas situaciones y compararlas).

- Grado de correspondencia entre la postura y movimientos que muestra el video, y la sensación que tuviste sobre ellos en el momento de la grabación.

▶ Visualización
Sitúate en una buena disposición mental y corporal para trabajar: relajado, atento y en una buena postura y pasa mentalmente el fragmento siguiente:

Andante

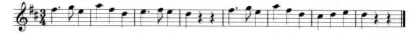

➤ Vuelve a pasar el fragmento imaginando las notas, el sonido y los movimientos. Si no puedes notarlo todo al mismo tiempo elige sólo un aspecto. Puedes bajar también la velocidad de pasada del fragmento si eso te ayuda a facilitar la experiencia.

➤ Mantén en tu visualización elementos como el tempo, la precisión rítmica y la musicalidad.

➤ Es importante que la experiencia te resulte clara y agradable. Si no tienes costumbre de trabajar mentalmente es preferible empezar con fragmentos sencillos y breves.

▶ Visualización de un fragmento de una obra.

➤ Lee mentalmente el siguiente fragmento un par de veces (Bourée I de la Suite nº 3 para cello solo de J. S. Bach). El tempo elegido te debe permitir una buena lectura.

➤ Ahora pasa mentalmente el fragmento imaginando el resultado sonoro que desearías. Incluye poco a poco elementos como la calidad del sonido, la afinación, la expresión ...

➤ Toca a continuación el pasaje con tu instrumento. Mientras lo haces, comprueba tu rendimiento sonoro comparándolo con la visualización que acabas de realizar. Corrige aquello que consideres mejorable.

➤ Realiza otra pasada mental visualizándote a ti mismo mientras tocas. Imagina las sensaciones corporales como: los movimientos del arco, el punto de contacto, la acción de los dedos de la mano izquierda, la libertad en los hombros, etc. Asegúrate de que lo que visualizas está fenomenal a este respecto.

➤ Vuelve a tocar el pasaje y comprueba mientras tanto tus sensaciones corporales. Identifica cualquier elemento de tensión innecesario y sustitúyelo por una mayor libertad de movimientos.

➤ Elije un compás o motivo breve del pasaje. Llévalo de nuevo a tu "sala de proyección personal".

➤ Pásalo mentalmente dos o tres veces a una velocidad más tranquila mientras imaginas un resultado sonoro de calidad junto con movimientos libres.

➤ Finalmente vuelve a tocar el fragmento inicial y presta especial atención al motivo breve que has trabajado aisladamente cuando llegue.

Si trabajas con calma y paso a paso observarás que el trabajo mental puede aportarte grandes beneficios. El hecho de dirigir tú mismo la experiencia de visualización eligiendo y secuenciando las imágenes, determinando la velocidad a la que pasas el pasaje y demás aspectos, contribuye indirectamente a fortalecer y desarrollar tu concentración. Con este tipo de práctica estás poniendo en acción procesos de pensamiento de orden superior que resultan esenciales en el estudio musical de calidad.

8

EL DESARROLLO PERSONAL

En nuestro último capítulo nos vamos a centrar en primer lugar en diversos planteamientos que coinciden en la aceptación como vía para suavizar el excesivo nerviosismo. Después nos ocuparemos de los beneficios de experimentar el efecto positivo que podemos causar en los demás a través de la música. Por último veremos la aportación que supone cambiar de contexto musical momentáneamente y vivenciar de otra manera el contacto con el público.

Un valioso aprendizaje

«Lo primero y más importante es que un estudiante tiene que ser un gran ser humano. Entonces busco una musicalidad fantástica y una habilidad técnica conectadas entre sí por la calidad. Finalmente el alumno tiene que tener algo que decir, buscar su propia voz y su iniciativa».
Yehuda Gilald. Profesor de clarinete en la Universidad del Sur de California.

«Soy una persona positiva. Me tomo las cosas tal como vienen. Dos años después de mi año sabático, cuando me di cuenta de que realmente no podía tocar el violín, me dije: Está bien, es una pausa, voy a dedicarme a la dirección. No estaba deprimido -tuve un buen comienzo dirigiendo algunas buenas orquestas. Entonces, en noviembre de 2009, una mañana me desperté y dije, ¡quiero tocar de nuevo!»
Maxim Vengerov. Violinista

El peso de la responsabilidad es para muchos músicos demoledor, incluso detrás de un biombo como suele suceder en la primera ronda clasificatoria de las pruebas de orquesta. El miedo a perder el control corporal o el miedo al propio miedo impide dar lo mejor de uno mismo en los escasos minutos que se dispone para ello. En circunstancias como estas es necesario disponer de recursos efectivos con el fin de afrontar satisfactoriamente el caos emocional que se produce.

Entre las posibles soluciones para aumentar el control en las actuaciones podemos optar por un camino corto o bien por otro de mayor recorrido. El camino corto lo representan medicamentos como los betabloqueantes. El camino más aconsejable tiene que ver sin embargo con cambiar las actitudes y los comportamientos que mantienen un excesivo nerviosismo. Contemplamos a continuación ambos recorridos.

Los betabloqueantes

Los betabloqueantes son medicamentos prescritos generalmente para los trastornos del ritmo cardiaco, y su función consiste en obstaculizar los efectos de la adrenalina sobre el organismo. Desde que a finales de la década de los años setenta se empezaron a utilizar los betabloqueantes para en el tratamiento de la ansiedad escénica se ha hecho un uso abusivo de ellos. Ya sea en el ámbito académico o en el profesional, los niveles de consumo de estos medicamentos son realmente alarmantes. Incluso los músicos de orquesta sin funciones de solista recurren a su consumo con el fin de suavizar los rigores de la presión de los conciertos, e incluso de los ensayos.

Según el doctor Eckart Altenmüller, director del instituto para la Fisiología de la Música en Hannover, el 60 por ciento de los solistas de las orquestas en Alemania toman esporádicamente betabloqueantes. El doctor Altenmüller prescribe puntualmente estos fármacos a los jóvenes que se presentan a las temidas *Probespiele* (pruebas de orquesta). A pesar de haberse convertido en una costumbre bastante generalizada, el uso de betabloqueantes suele ser un tema tabú entre los músicos, en especial entre los profesionales.

Entre las reticencias a tomar betabloqueantes se encuentra la sensación para algunos músicos de disponer de una menor implicación emocional durante la ejecución. Esta cierta desconexión con la interpretación devalúa la experiencia musical convirtiéndola en menos plena. Existe a su vez un cuestionamiento ético sobre la utilización de este tipo de medicamentos en contextos escénicos. Esta queja tiene que ver con la ventaja artificial con la que cuentan sus consumidores especialmente en pruebas o competiciones.

Emprender un camino de superación dirigido a orientarnos plenamente hacia la interpretación y la comunicación en las actuaciones representa una valiosa alternativa al uso de los betabloqueantes. Aunque su recorrido implica esfuerzo y persistencia, los beneficios de optar por actitudes más positivas y conductas más favorables sobrepasan el ámbito musical. A continuación vamos a echar un breve vistazo a diversas propuestas con el fin de complementar todo lo que hemos planteado en los capítulos anteriores. Alguna de las ideas que aparecerán en los siguientes apartados puede abrir una brecha positiva que nos lleve a emprender mejoras en nuestra preparación para las actuaciones.

 ## La aceptación y el compromiso

«He aprendido a no juzgarme nunca la primera vez que presento mis proyectos en público. Claro que quiero hacerlo bien, y seguramente así será; pero si no es así, tengo derecho. Todos tenemos derecho a confundirnos, aprender y mejorar; y eso donde mejor se consigue es encima de un escenario».
Asier Polo. Cellista y profesor.

«No creo que el miedo escénico te impida ser un buen intérprete. La clave está en aprender un mecanismo para hacerle frente, o en su aceptación»
Hilary Hann. Violinista.

La llamada terapia de aceptación y compromiso se incluye dentro de las llamadas terapias de tercera generación. Se trata de una de las aproximaciones psicológicas que mayor aceptación está encontrando últimamente en relación con trastornos como la ansiedad.

Por lo general prestamos excesiva atención a las manifestaciones del miedo, y tratamos de evitarlas. En paralelo, la motivación por la música y por seguir progresando disminuye cuando en las actuaciones se acumulan experiencias negativas por el excesivo nerviosismo. La consecuencia de ello es que los objetivos que antes ilusionaban se van dejando de lado.

Cuando esto sucede es importante reaccionar a tiempo y darle la vuelta a la situación. La propuesta central de la terapia de aceptación y compromiso, cuyo mayor representante es el psicólogo Steven Hayes, consiste esencialmente en:

▶ La aceptación de los pensamientos negativos como manifestación de un mecanismo de la mente que nos lleva a creer algo que en realidad es sólo fruto de nuestra elevada excitación (irracionalidad). La experiencia clínica muestra que la obsesión por eliminar las manifestaciones del nerviosismo elevado sólo conduce a complicar las cosas. Por el contrario, el hecho de aceptarlas aunque estas sean incómodas, facilita el terreno para que se diluyan y desaparezcan.

▶ La parte del compromiso representa la fidelidad con los valores que para uno son importantes. En este caso, el compromiso tiene que ver con el valor positivo que le otorgamos a la música, a la expresión, a la comunicación, al progreso, a la perseverancia, al esfuerzo.... En la medida que nuestro compromiso con esos valores es sólido y perseveramos en ellos, somos más capaces de transformar la situación.

El tándem aceptación/compromiso, aunque implica un verdadero trabajo personal puede acercarnos enormemente a interpretaciones más satisfactorias ante el público.

▶ La aceptación de: pensamientos negativos, emociones desbordadas, síntomas de nerviosismo, los errores, nuestra propia naturaleza.

▶ El compromiso: a pesar de los inconvenientes nos comprometemos con aquello que consideramos valioso, sacando fuerzas de donde sea necesario para conseguirlo.

Mindfulness: la práctica de la consciencia plena

«Durante la ejecución..., no me centro en mí misma. No me critico. Simplemente trato de estar ahí. Para mí es la mejor forma. De lo contrario, si empiezas a pensar demasiado —queriendo cosas, queriendo tocar bien— entonces comienzas a estar rígida, y a veces no puedes dar lo mejor.»
Maria João Pires. Pianista.

El concepto psicológico de mindfulness está basado en la experiencia de consciencia plena de la meditación budista. Según palabras del doctor Kabat-Zinn, mindfulness quiere decir: Prestar atención de una manera especial: intencionadamente, en el momento presente y sin juzgar.

El doctor Jon Kabat-Zinn popularizó este tipo de meditación en Occidente, y en los últimos años se ha producido un creciente interés por ella como consecuencia de los efectos psicológicos positivos comprobados científicamente. Los avances en neurología han podido constatar que como consecuencia de la práctica regular de la meditación, el córtex prefrontal izquierdo que es la parte del cerebro más involucrada en la felicidad se desarrolla en mayor medida.

Como hemos visto anteriormente al hablar de la aceptación y el compromiso, cuando un músico sufre un elevado nerviosismo tiende a evitar cualquier pensamiento o emoción que tenga que ver con el miedo. El mecanismo automático de lucha contra los pensamientos y los síntomas negativos es muy potente. Esta intensa reacción conduce a un nivel mayor de excitación, y a que persistan las molestias en un círculo cerrado de retroalimentación.

La práctica de la meditación implica por el contrario prestar atención a los pensamientos, a las emociones, y a las sensaciones corporales momento a momento, sin luchar contra aquello contra lo que normalmente luchamos. Con el tiempo y con el entrenamiento debido es posible transferir estas experiencias al contexto musical, lo que permite alcanzar un estado de mayor control de la atención. Las reacciones emocionales se suavizan, y como consecuencia de dejar de juzgar y evaluar negativamente la situación se reduce la tendencia a pensar en todo lo malo que podría pasar (ver Practicando).

Más allá de uno mismo

«Parto del convencimiento de hasta qué punto son grandes los grandes compositores. Yo soy muy pequeña. Por eso, pienso en cómo puedo ser útil para transmitir esas obras geniales y no en cómo esas obras me pueden ser útiles a mí.»
Mitsuko Uchida. Pianista.

Nuestra mente nerviosa tiende a aquietarse cuando conseguimos olvidarnos de nosotros mismos, disfrutar de la experiencia musical y pensar en el efecto positivo que podemos causar en los demás a través de ella. Es evidente que esto no es tarea fácil, y más en una actividad artística tan exigente. Sin embargo, minimizar la preocupación por uno mismo y maximizar el interés por el disfrute musical propio y ajeno presenta considerables beneficios.

Para la pianista Mitsuko Uchida la tarea principal en una actuación se encuentra más allá de ella misma. Esta pianista considera que mucho más que el mero acto de mostrar sus capacidades, un concierto es una manera de disfrutar y compartir la música con el resto de personas que llenan la sala.

El cuarteto Quiroga comparte este planteamiento. Como comenta Cibrán Sierra, violín de dicho cuarteto, la actuación implica una clara prioridad por la música. Para que esto pueda suceder, este prestigioso cuarteto parte de una preparación metódica, racional y exigente. En sus ensayos se cuidan todos los detalles hasta alcanzar un elevado nivel de dominio y profundización. La confianza en este trabajo les permite dar un salto hacia la magia de la creatividad y el compromiso con la comunicación. Sus exitosas actuaciones representan una verdadera apuesta por las emociones compartidas y el disfrute de hacer música. La estrategia colectiva para conseguirlo tiene mucho que ver con escucharse e interactuar entre ellos mismos constantemente.

Cibrán Sierra habla del bucle negativo en el que alguno de los miembros del cuarteto puede llegar a caer en plena actuación. Cualquiera de ellos puede incurrir en olvidarse de que está haciendo música con los demás, y dejarse llevar por una espiral de preocupación. El grado de compenetración entre ellos es tal, que cuando los otros tres componentes del cuarteto identifican que esto sucede, realizan un verdadero ejercicio de generosidad y rescate. A través gestos sutiles, de miradas de apoyo y de un empuje sincero, consiguen sacar al compañero de la atracción negativa que supone la preocupación por la imperfección, la preocupación por uno mismo. ¡Vamos a apoyarnos! es una de las consignas clave del cuarteto Quiroga antes de salir al escenario.

Tal como vimos en el capítulo 4 dedicado a la motivación, las experiencias óptimas o de flujo presentan entre sus características principales una absorción intensa en la tarea. Las preocupaciones personales son neutralizadas por la inmersión completa en la actividad, lo que contribuye entre otras cosas a disminuir el número de distracciones.

El cuarteto Quiroga actuando en el Salón de Columnas del Palacio Real con la Colección Real de Stradivarius.

En una interesante investigación sobre la ansiedad escénica llevada a cabo con músicos profesionales por el psicólogo David Roland, se pudo comprobar que:

▶ Los músicos que padecían niveles elevados de ansiedad escénica:

  ➤ Expresaban objetivos relacionados con ellos mismos, como experimentar una sensación de logro personal.

  ➤ Estaban más preocupados por su nivel de activación fisiológica.

  ➤ Tendían a afrontar la situación estudiando excesivamente.

▶ Los músicos que manejaban positivamente la ansiedad escénica:

  ➤ Expresaban objetivos que trascendían a sí mismos: querían comunicar con la audiencia y disfrutar de la emoción de la ejecución.

  ➤ Disponían de un correcto enfoque mental que les permitía olvidarse de sí mismos

Otros datos de interés de la investigación de David Roland fueron que estos últimos músicos:

▶ Poseían mayoritariamente un autodiálogo positivo.

▶ Aceptaban los errores como un hecho pasado con el fin de poder mantener su foco de atención en la interpretación.

▶ La gran mayoría de ellos consideraba que la excitación moderada que experimentaban les ayudaba a sentirse concentrados, alertas y más inspirados.

La enorme exigencia de la música clásica, los formatos tan serios de concierto y una formación musical excesivamente centrada en la corrección, llevan a que la preocupación por uno mismo tienda a aflorar en los escenarios en exceso. Sabemos sin embargo que cuando esto sucede, las probabilidades de perder el control y de orientarnos hacia la evitación del fracaso aumentan. Experimentar con otras actitudes y con otros tipos de música ayuda enormemente a ir más allá de uno mismo y volcarse plenamente en la actividad. Las propuestas que aparecen a continuación pueden contribuir a conseguirlo.

 Actuaciones con sentido. Musethica.

«He aprendido que la gente olvida lo que dices, olvidará lo que hagas, pero nunca olvidarán cómo les haces sentir.»

Maya Angelou

El proyecto Musethica, que partió en 2012 de la idea del violista Avri Levitan y que cuenta con la colaboración de la catedrática universitaria Carmen Marcuello, está dirigido a que estudiantes bien preparados actúen ante diferentes audiencias. Aunque también actúan en salas de concierto tradicionales, su principal interés se centra en acercarse al público que no es asiduo a los conciertos de música clásica. Los estudiantes de Musethica realizan una intensa labor musical en asociaciones vecinales, colegios, fábricas, prisiones, hospitales, centros para niños con necesidades educativas especiales, etc. Además de ello, participar en los conciertos de Musethica enseña a los jóvenes intérpretes el auténtico significado de ser músico.

Uno de los lemas principales de Musethica es una elevada exigencia artística. La experiencia les ha enseñado que las actuaciones de un nivel excelente llegan con mayor impacto al público no experto. Los resultados hasta ahora están siendo sorprendentes. Los más de 100 conciertos que llevan a cabo anualmente reflejan la calurosa acogida que recibe este proyecto. En ellos participan como mentores miembros de la Orquesta Filarmónica de Berlín, profesores de la Escuela Superior Hanns Eisler de Berlín, del Conservatorio Central de Pekín o de la Royal Academy of Music de Londres.

Avri Levitan. Violista y creador del proyecto Musethica.

Desde el punto de vista que nos ocupa, los conciertos de Musethica cumplen varias funciones:

▶ Dar sentido a la actividad musical. Los jóvenes intérpretes que participan manifiestan una gran satisfacción por poder tocar para los demás. Circunstancia que no es tan común durante su formación.

▶ La continuidad de las actuaciones les permiten afrontar y aprender a manejar en repetidas ocasiones la excitación que produce la situación de concierto.

▶ Centrase en llegar con su música a públicos tan diversos y ser conscientes del efecto tan positivo que eso ejerce en la audiencia, les ayuda enormemente a olvidarse de sí mismos, y a focalizarse en la calidad de la interpretación.

▶ La recompensa no buscada de esta actitud de entrega es en ocasiones sorprendente. Cuando concedemos más valor al sentido de nuestra aportación que a la imagen que vamos a dar a los demás, nuestra mente se sana por momentos y recobra el equilibrio. El resultado es que nos centramos más en la tarea y en la proceso comunicativo.

Avri Levitan con uno de los grupos camerísticos de Musethica participando en las conferencias TED (Ideas Worth Spreading).

Tomando como referencia la exitosa idea de Avri Levitan puede resultar muy provechoso organizar actuaciones que cumplan estas funciones en entornos más cercanos. A través de los conservatorios, las escuelas de música, y en colaboración con diversas entidades o fundaciones, los estudiantes pueden realizar una interesante labor musical y personal. Al mismo tiempo que dan sentido a su estudio diario, mediante actuaciones bien preparadas y comprometidas pueden ejercitar sus habilidades de manejo de la ansiedad escénica y sentir que están aportando algo positivo a los demás a través de la música.

 Otras músicas. Otra relación con la música.

«El intercambio entre el público y las personas que se encuentran en el escenario debería ser más fuerte, más relajado, más auténtico y no tan formal. Creo que el hecho de que la música clásica y que los conciertos sean tan formales, te genera miedo.»
Maria João Pires. Pianista

Tal y como señala la pianista Maria João Pires los conciertos de música clásica están planteados de una forma que produce verdaderamente miedo. Cambiar de escenario, cambiar de vez en cuando de contexto musical también puede contribuir a salir de la presión que significa de la constante preocupación y del miedo a fallar. Los músicos que desde una formación clásica se han acercado al jazz u otro tipo de músicas experimentan a menudo una verdadera liberación. Finalmente consiguen disfrutar como nunca antes había sucedido de la música y del escenario.

La Orquesta en el Tejado, creada por el violinista Ara Malikian, es un ejemplo de experiencia musical diferente donde la complicidad con el público y las buenas vibraciones que ello genera es una de sus principales características. El violinista Ángel Boti considera que su paso por esta orquesta le ha permitido experimentar otra forma de acercarse a la música y al público. Moverse por el escenario, interactuar y liberarse de tantas restricciones formales le han llevado a olvidarse de sus miedos, y a lanzarse a una verdadera experiencia de comunicación en salas de conciertos abarrotadas de público.

Tras un tiempo de giras y actuaciones con la Orquesta del Tejado, Ángel Boti ha tenido la ocasión de retornar a los conciertos más tradicionales, en los que ha actuado en formaciones reducidas de música de cámara. Su experiencia ha sido muy satisfactoria. Una mayor libertad de acción y una mayor capacidad comunicativa son algunas de las consecuencias de haberse dejado llevar por un planteamiento diferente sobre el escenario. Poder trasladar al ámbito habitual de los conciertos de música clásica las sensaciones experimentadas en otros contextos musicales supone un verdadera conquista, y una prometedora fuente de motivación.

 Salir de lo establecido. La improvisación.

La última propuesta que puede contribuir a dejarnos absorber por completo por la experiencia musical tiene que ver con la improvisación y la creación personal. El pianista Alejandro Rojas-Marcos realiza una intensa labor en el campo de la improvisación libre. Su experiencia como profesor de la asignatura de improvisación libre en el Conservatorio Profesional de Música de Jerez de la Frontera le permite comprobar cómo los estudiantes se involucran por completo en plena actuación mientras improvisan.

Para este excelente intérprete la improvisación libre, además de ser una opción artística válida por sí misma, ofrece a los estudiantes la posibilidad de disfrutar de una implicación creativa en el escenario que contribuye indirectamente a rebajar sus niveles de ansiedad escénica. Los alumnos se sienten libres en todo momento durante su creación. Alejandro Rojas-Marcos afirma que el elemento esencial en esta modalidad de improvisación es la escucha: sumergirse en el momento, escuchar al otro, y dejar que surja la música sin intermediarios representa una vivencia extraordinaria.

La improvisación, sea del tipo que sea, puede representar una forma más de liberarnos de planteamientos musicales excesivamente cerrados. Improvisar y experimentar con plenitud la creación del momento contribuye a desconectar el control rígido que en ocasiones ejercemos sobre las interpretaciones, y que a menudo se traduce en mayor nerviosismo en las actuaciones.

A modo de despedida

Hemos llegado al final del libro, pero es ahora donde comienza el verdadero camino hacia el escenario. Las propuestas que han ido apareciendo en los diferentes capítulos tienen como propósito activar la motivación por mejorar nuestro rendimiento en las actuaciones. Sin embargo, una vez motivados necesitamos pasar a la acción. El conocimiento intelectual es importante, pero lo único capaz de producir verdaderos cambios en el funcionamiento habitual es la práctica, o mejor dicho, la buena práctica.

Al introducir mejoras relacionadas con el estudio o con las actuaciones es preferible ir paso a paso. Las resistencias para cambiar son a veces poderosas, y cuanto más y más rápido queremos avanzar más se alarga el camino que nos queda por recorrer. Por el contrario, darnos tiempo para conocernos, identificar las posibles mejoras que conviene incorporar y ajustar continuamente el objetivo, contribuirá a que nuestro recorrido sea más fructífero.

Puesto que la experiencia nos demuestra continuamente que no hay
una única panacea válida para todos, en esta segunda parte del libro me
he esforzado conscientemente en mostrar un abanico amplio de propuestas. La enorme diversidad individual lleva a que lo que funciona
muy bien con una persona no surta tanto efecto con otra. Permanecer
abiertos a la experiencia y comprobar qué planteamientos son los más
convenientes nos conducirá a los mejores resultados.

La imagen de abajo puede constituir un buen resumen de las características principales de una completa preparación para las actuaciones.
Las imágenes poseen mucho poder en nuestra mente y contribuyen a
clarificar nuestras acciones. Tener presente los elementos que componen esta pirámide nos ayudará a comprometernos más activamente en
nuestro camino por lograr un mejor rendimiento en público.

En la base de la pirámide se encuentra el elemento básico. Necesitamos sentirnos seguros con lo que llevamos al escenario, y el estudio
eficaz y suficiente representa una condición necesaria para ello. Además, uno de los sustentos esencial para poder entregarnos con mayor
plenitud y libertad en la interpretación lo representa la confianza en
nosotros mismos. La confianza en uno mismo está basada en las pequeñas experiencias de éxito que vamos cosechando y que conforman unos
pilares sólidos donde sustentarnos.

La motivación nos aporta energía para vencer los obstáculos y orientarnos hacia la excelencia, la calidad y la comunicación. La ilusión por alcanzar lo que queremos desarrolla habilidades y genera un contexto positivo tanto para nosotros como para los demás. Regular nuestro nivel de activación y conseguir mantenerlo en un nivel moderado nos llevará a mejores resultados. Si nuestras evaluaciones de la situación de concierto tienen más que ver con un reto positivo que con una amenaza, será más factible conseguirlo.

Finalmente, durante las actuaciones necesitamos ser capaces de vivir enormemente el momento y mantener nuestro foco de atención en la música. Concentrarnos en la interpretación y disfrutar con ello representa la última pieza que completa el puzzle de actuaciones más gratificantes y exitosas.

Esta fotografía del cellista Asier Polo aglutina los elementos que acabamos de resumir. Este gran intérprete simboliza al mismo tiempo el disfrute al hacer música y una auténtica búsqueda de la excelencia, la expresión y la comunicación.

Como dije en la introducción, este libro parte de la pasión por el aprendizaje musical y del interés por la optimización de los recursos para llegar a la excelencia musical en las actuaciones. Espero haberte aportado reflexión y herramientas eficaces en ambas direcciones.

Ideas clave

✓ A través de un proceso de cambio de actitudes y de entrenamiento de nuevas conductas es posible encontrar soluciones para la ansiedad escénica más allá de los medicamentos.

✓ Aunque supone un esfuerzo personal, aceptar gradualmente las manifestaciones del miedo escénico y enfrentarse regularmente a ellas facilita un positivo cambio interior.

✓ A pesar de la incomodidad que puedan suponer las actuaciones en público, el compromiso con los valores musicales importantes suscita una mentalidad favorecedora de considerables mejoras.

✓ Ir más allá de uno mismo y considerar la aportación positiva que podemos ofrecer a los demás mediante la música, representa una inestimable ayuda en las actuaciones.

✓ Cuando disfrutamos de experiencias gratificantes en el escenario con otro tipo de música, otros planteamientos, o mediante la improvisación, podemos transferir a los conciertos habituales mayor libertad y seguridad.

Practicando

▶ Diario de trabajo personal para las actuaciones

Llevar un diario de trabajo personal para las actuaciones en el que reflejar tu práctica, reflexiones y aportaciones puede representar una herramienta muy útil. Recuerda que disfrutar de actuaciones más satisfactorias requiere un cambio de mentalidad y de conducta, para lo que se requiere práctica desde diversos frentes.

Puedes empezar rellenando el gráfico que aparece abajo con los aspectos o cualidades que consideres que pueden contribuir a orientarte cada vez más hacia la búsqueda de excelencia. Utiliza tu diario para escribir a menudo sobre dichos aspectos.

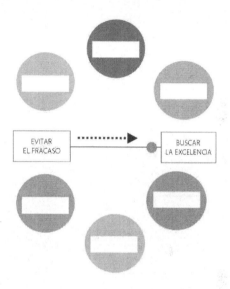

Refleja también en el diario tu práctica en relación con los diversos aspectos que aparecen en el libro:

- Transformar los pensamientos negativos en positivos.
- Interpretar con mayor libertad corporal.
- Visualizar buenas ejecuciones.
- Visualizar actitudes positivas en el escenario.
- Evaluar positivamente las actuaciones.
- Aceptar el nerviosismo.
- Aceptar tu naturaleza.
- Buscar la excelencia y la calidad global en lugar de la perfección.

➤ Equilibrar el nivel de activación.

➤ Preparar bien y suficientemente las obras.

➤ Buscar situaciones donde actuar.

➤ Actuar brevemente para conocidos....

Registra en tu diario todo aquello que emprendes en las áreas que más te interese desarrollar, así como tus objetivos y tus progresos. Incluye siempre la fecha de cuando incorporas una entrada en el diario. Así podrás comprobar mejor la evolución con el tiempo.

▶ Meditación

A continuación dispones de una sencilla propuesta de meditación. Está concebida para propiciar una mayor contacto con el cuerpo y desde un estado más calmado conectarnos con las emociones que suceden durante una actuación.

En esencia se trata de que durante la meditación permanezcas centrado con plenitud en lo que sucede en cada momento, sin juzgar ni pretender cambiar nada. Mantenerte centrado en la respiración te ayudará. Recurre siempre a ella cuando notes que tus pensamientos se dispersen.

Tómate un momento para cada punto de la práctica y conéctate con lo que sucede entonces.

Las primeras veces puedes realizar una grabación en audio de la meditación y utilizarla para que a través de ella te sea más fácil centrarte en el presente.

Puedes empezar dedicando 5 ó 10 minutos a meditar. Aumenta progresivamente el tiempo en la medida en la que te sea posible mantener con naturalidad un estado de consciencia plena.

Utiliza el temporizador del móvil para que te avise del final, y de esta manera puedas olvidarte del tiempo.

▶ Preparación.

➤ Busca un lugar donde puedas permanecer tranquilo.

➤ Puedes realizar la meditación sentado procurando mantener una buena postura que facilite la respiración, o bien tumbado. Las primeras veces que practiques la meditación te recomiendo que lo hagas en la posición semi-supina. Es la posición que ves en la fotografía de abajo, en la que la espalda descansa mejor y los hombros quedan ligeramente abiertos.

➤ Reajusta suavemente la zona de la cadera de forma que su contacto con el suelo sea mayor, pero sin forzarlo.

▶ Práctica.

➤ Lleva tu atención a la respiración siendo consciente de la entrada del aire por la nariz. No intentes modificar nada, tan sólo nota cómo entra y sale el aire.

➤ Nota como mientras respiras tu vientre se eleva y baja con una suave cadencia natural.

➤ Lleva tu atención a la cara en su conjunto, y céntrate por un momento en las sensaciones de la frente, la zona maxilar en ambos lados, la boca y los labios.

➤ Nota tus hombros, brazos y manos mientras piensas que la musculatura se suelta en su interior. Sé consciente ahora de las palmas de las manos, los dedos y las yemas de los dedos.

➤ Compara las sensaciones del lado izquierdo de tu cuerpo con las del lado derecho. Céntrate con curiosidad en las sensaciones sin pretender modificar nada.

➤ Sé consciente del efecto calmante de la respiración mientras dejas que el aire siga fluyendo por tu interior.

➤ Siente las partes de tu cuerpo en las que el contacto con el suelo es más evidente. Deja que tu atención se centre en esos contactos durante unos momentos.

➤ Nota la posición y el estado interno de tus piernas. Realiza un recorrido por sus sensaciones: desde los muslos, pasando por las rodillas flexionadas, y finalizando en la parte inferior de las piernas.

➤ Siente tus pies y sus partes: el contacto de los talones con el suelo, los tobillos, el recorrido del pie en toda su extensión, y finalmente los dedos de los pies.

➤ Toma consciencia del conjunto de tu cuerpo integrando todas las sensaciones anteriores, y permite que tu atención vaya al lugar del cuerpo que quiera. Hazte presente del ahora a través de notar tu cuerpo, de estar en contacto con lo que en él sucede ahora.

➤ Disfruta de las sensaciones de placidez y equilibrio que recibes de tu cuerpo, de tu respiración, de ti mismo. Sigue en contacto con el vaivén tranquilizador que produce el aire al entrar y salir de ti con calma.

➤ Recuerda alguna actuación reciente en la que hayas experimentado un elevado nivel de nerviosismo o piensa en alguna que tengas próximamente. Trata de reproducir en tu cuerpo y en tu mente la sensación de miedo o nerviosismo.

➤ Pregúntate a ti mismo qué es lo que te lleva a reaccionar de esa manera, qué le concede vida a la emoción de miedo.

➤ Si sientes la necesidad de evitar o rechazar estas sensaciones sé consciente de esta resistencia que aparece, sé consciente de cómo tu cuerpo tiende a contraerse y tu mente se cierra.

➤ Mientras permaneces en contacto con el miedo prueba a dejar de resistirte a él y acéptalo tal como aparece. Permite experimentar en ti mismo el miedo en lugar de luchar contra él.

➤ Mientras aceptas el miedo, deja que el miedo se vaya a través del propio miedo.

➤ Piensa en la música, en aquello que te gusta de la música, en las emociones que te hace sentir, en aquello que puedes hacer sentir a los demás a través de ella, en aquello que despertó en su momento tu amor por la música.

➤ Centra tus pensamientos en que orientas tu motivación musical y tus actuaciones en público hacia la interpretación por encima de todo, hacia la música y su transmisión, hacia aquello que realmente deseas. Dedica un par de minutos a sentirte disfrutando de ti mismo como intérprete, irradiando energía a través de la música que haces.

➤ Transmítete a ti mismo un amor incondicional, una aceptación plena, un apoyo total. Experimenta tu propio afecto.

➤ Sepárate poco a poco de la emoción inicial de miedo. Piensa que tú no eres esa emoción y déjala. Mientras tanto recobra los sentimientos de ilusión por hacer música y por comunicarla a los demás.

➤ Retoma con el contacto con el aire que entra por la nariz mientras sientes de nuevo el movimiento suave y regular que genera en tu cuerpo. Mantente centrado en tu respiración hasta que concluyas la meditación.

BIBLIOGRAFÍA

Alexander, Frederick Matthias, *El uso de sí mismo*, Urano, 1995.

Bandura, A., *Teoría del Aprendizaje Social*, Madrid, Espasa-Calpe, 1982.

Blakemore, S. Y Frith, U., *Cómo aprende el cerebro*, Ariel, 2007.

Bruser, M., *The art of practicing*, Three Rivers Press, 1997.

Chaffin, R., Imreh, G., y Crawford, M., *Practicing perfection: Memory and piano performance*, New Jersey: Lawrence Erlbaum Associates, 2002.

Chi, M.T.H., Glaser, R., y Rees, E., Expertise in problem solving. En R. Sternberg (Ed.), *Advances in the psychology of human intelligence* (Vol. 1, pp. 17-76), Hillsdale, NJ: Erlbaum, 1982.

Claxton, G., *Aprender. El reto del aprendizaje continuo*, Paidós, 2001.

Csikszentmihalyi, M. *Una psicología de la felicidad*, Kairós, 1997.

Dalton, D., Primrose, W. *Playing the Viola: Conversations with William Primrose*, Oxford University Press, 1988.

De Bono, E. *Aprende a pensar por ti mismo*, Paidós, 1997.

Dubal, D. *Reflections from the keyboard*, Schirmer books, 1997.

Ericsson, K.A., Krampe, R.T., Y Tesch-Römer, C. The role of deliberate practice in the acquisition of expert performance, *Psychological Review, 100(3)*, 363–406, 1993.

Flavell, J.H. Metacognitive aspects of problem solving. En L. Resnick (Ed.), *The nature of intelligence* (231-235), Hillsdale, NJ: Erlbaum, 1976.

Freymuth, M. Mental practice for musicians: Theory and applications, *Medical Problems of Performing Artists, 8*, 141-143, 1993.

Galamian, I. *Interpretación y enseñanza del violín*, Pirámide, 1998.

García Martínez, R. *Evaluación de las estrategias metacognitivas en el aprendizaje de contenidos musicales y su relación con el rendimiento académico musical*,

Tesis doctoral, Universidad de Valencia Ediciones, 2010.

García Martínez, R. *Optimiza tu Actividad Musical. La Técnica Alexander en la Música*, Impromptu Editores, 2011.

García Martínez, R. La Técnica Alexander y el Trabajo Orquestal. *En Concierto Clásico 7/2012, pág 18-19*, 2012.

García Martínez, R. *Técnica Alexander para músicos*, Robinbook, 2013.

García Martínez, R. Metacognición y aprendizaje musical: el valor de la reflexión. *Música y Educación, Vol. 27, 3 (octubre 2014), Núm. 99, Págs. 12-18*, 2014.

Goldstein, E. Bruce. *Sensación y Percepción*, Paraninfo, 2006.

Greene, D. *Performance Success*, Routledge, 2002.

Hallam, S. Professional musicians' approaches to the learning and interpretation of music, *Psychology of Music*, 23 (2), 111–128, 1995.

Hallam, S. The development of metacognition in musicians: Implications for education, *British Journal of Music Education*, 18(1), 27–39, 2001.

Hayes, S. Strosahl, K. & Wilson, K. *Acceptance and Commitment Therapy, Second Edition: The Process and Practice of Mindful Change*, New York, Guilford Press, 2011.

Hoppenot, Dominique, *El violín interior*, Real musical, 1999.

Kabat-Zinn, J. *Mindfulness en la vida cotidiana: Cómo descubrir las claves de la atención plen*, Paidós Ibérica, 2009.

Kendrick, M. J., Craig, K. D., Lawson, D. M., & Davidson, P. o. Cognitive and behavioral therapy for musical-performance anxiety. *Journal of Consulting and Clinical Psychology, 50, 353-362*, 1982.

Klickstein, G. *The Musician's Way*, New York, Oxford University Press, 2009.

Lehmann, a. C., Sloboda, J. A., & Woody, R.H. *Psychology for musicians*, New York, Oxford University Press, 2007.

Lehmann, A.C. The acquisition of expertise in music: Efficiency of deliberate practice as a moderating variable in accounting for sub-expert performance. En I. Deliege y J. Sloboda (Eds.), *Perception and cognition of music* (pp. 161–87), Hillsdale, NJ: LEA, 1997.

Mantel, G. *Cello Üben*, Schott-Verlag, 2000.

Marina, J. A. *Los secretos de la motivación*, Ariel, 2011.

Marina, J. A. *El aprendizaje de la creatividad*, Ariel, 2013.

Miklaszewski, K. Individual differences in preparing a musical composition for public performance. En M. Manturzewska, K. Milaszewski, y A. Bialkowski (Eds), *Psychology of music today: Proceedings of the International Seminar of Researchers and Lecturers in the Psychology of Music* (pp.138–147). Warsaw: Fryderyk Chopin Academy of Music, 1995.

Neuhaus, Heinrich. *El arte del piano*, Real Musical, 1987.

Nielsen, S. G. Strategies and self-efficacy beliefs in instrumental and vocal individual practice: a study in higher music education, *Psychology of Music*, *32(4)*, 418–431, 2004.

Noyle, Linda. *Pianists on Playing: Interviews with Twelve Concert Pianists*, New York, Scarecrow Press, 1987.

Oxendine, J. B. *Psychology of motor learning* (2nd ed.), New York, Appleton-Century-Crofts, 1984.

Rojas-Marcos, A. La improvisación en los conservatorios. En Alonso, Ch. *Enseñanza y aprendizaje de la improvisación libre. Propuestas y reflexiones*, Alpuerto, 2014.

Roland, D. How Professional Performers Manage Performance Anxiety *Research Studies in Music Education, June vol. 2, 1: pp. 25-35.*, 1994.

Ross, S. L. The effectiveness of mental practice in improving the performance of college trombonists, *Journal of Research in Music Education, 33*, 221-230, 1985.

Rubinstein, A. *My young years*, New York, Alfred Knopf, 1973.

Schunk, D.H. Self-efficacy and academic motivation, *Educational Psychologist, 26*, 207-231, 1991.

Simón, V. *Aprender a practicar Mindfulness*, Sello Editorial, 2011.

Sloboda, J. A., Davidson, J. W., Howe, M. J. A., y Moore, D. G. The role of practice in the development of performing musicians, *British Journal of Psychology, 87(2)*, 287–309, 1996.

Valentine, E. R., Fitzgerald, D. F. P., Gorton, T. L., Hudson, J. A., & Symonds, E. R. C. The effect of lessons in the Alexander Technique on music performance in high and low stress situations, *Psychology of Music, 23*, 129-141, 1995.

Weinberg, R. S. The relationship between mental preparation strategies and motor performance: A review and critique. *Quest, 33*, 195-213, 1982.

Williamon, A., y Valentine, E. Quantity and quality of musical practice as predictors of performance quality, *British Journal of Psychology, 91(3)*, 353– 376, 2000.

Wilson, G. D. & Roland, D. Performance anxiety. In r. Parncutt & G. E. Mcpherson (eds.), *the science and psychology of music performance* (pp. 47–61), New York, Oxford University Press ,2002.

Wolpe, J. *Psicoterapia por inhibición recíproca*, Desclée de Brouwer, Bilbao, 1981.

Woody, R. H. Learning From The Experts: Applying Research In Expert Performance To Music Education *Journal Of Research In Music Education, 19, 2.*, 2001.

AGRADECIMIENTOS

Son muchas las personas que de una forma u otra me han ayudado con este proyecto y a las que tengo que dar las gracias, aunque quisiera empezar por mi padre, Jesús García, violinista durante muchos años de la Orquesta de Valencia. Su sensibilidad y su búsqueda constante de la excelencia musical han significado mucho para mí.

Cuando era pequeño mi padre aprovechaba las vacaciones de verano dedicándolas a una de las cosas que más le apasionaba: tocar y estudiar el violín. Cada mes de agosto elegía uno de los conciertos del repertorio que más le gustaban y disfrutaba el mes entero estudiándolo. Un año podía ser Brahms, otro Beethoven o Mendelssohn. Recuerdo que los primeros días trabajaba lento, cuidando la afinación y el sonido, y centrándose especialmente en ir dominando los pasajes difíciles. Mientras transcurrían las vacaciones el concierto iba tomando cuerpo hasta llegar la última semana en la que ya conseguía tocarlo al tempo real. El resultado era asombroso. La expresión, la calidad, la precisión de los pasajes difíciles, el sonido. Una verdadera maravilla interpretativa. Esta experiencia que se repetía cada año me enseñó algo importante: la excelencia se construye cuidando cada paso y sabiendo esperar a que lleguen los resultados. ¡Gracias papá!

Agradezco enormemente a mis alumnos del Conservatorio Superior de Aragón (CSMA) por todo lo que aprendemos juntos. Unas gracias muy especiales a Uxía González, Celia Cortés, David Palanca, Elena Calderón, Sofía Lluciá, Andrea Oliva, Sara Rubio y Ana Rodríguez por prestar su imagen para las fotografías, y a Jorge Murillo por su ayuda para editar los fragmentos de música.

Gracias también a los miembros de la Orquesta de Valencia con los que semanalmente tengo el gusto de compartir enriquecedoras experiencias: Luisa Domingo, David Forés, Jenny Guerra, José León, Pilar Parreño, Juan Pavía (gracias por Bruckner y tantas otras aportaciones), María Rubio y Vicent Torres.

Gracias a mi compañero, el trompista Bernardo Cifrés por su colaboración.

Gracias al violinista y antiguo alumno Ángel Boti por hacerme llegar su experiencia con la Orquesta en el Tejado.

Gracias a la Dra. Esperanza Rocabert, profesora de psicología en la Universidad de Valencia y directora de mi tesis doctoral, de la que aprendí la necesidad de incluir rigor y exigencia para emprender una investigación.

Gracias a José Luis Melendo, bibliotecario en el CSM de Aragón por todas las facilidades que siempre me ofrece para consultar diversas fuentes.

Muchas gracias al cellista Asier Polo, a los violinistas Abel Tomàs del Cuarteto Casals y Cibrán Sierra del Cuarteo Quiroga, a la trompista María Rubio, a los pianistas Enrique Bagaría y Alejandro Rojas-Marcos y al violinista Pablo Suarez por su generosidad al compartir sus valiosas reflexiones.

Un reconocimiento especial a Avri Levitan por su proyecto Musethica y por conseguir movilizar tantas energías productivas a través de la música.

Infinitas gracias a los intérpretes y profesores que me han brindado sus palabras para impulsar este proyecto. Muchas gracias a Claude Delangle, Yehuda Gilald, Avri Levitan, Tania Lisboa, Vera Martínez Mehener y Eric Terwilliger. Contar con su confianza y apoyo representa un gran honor.

Gracias a Martí Pallàs, editor de Robinbook, por los consejos que han llevado a mejorar la orientación y el contenido de este libro.

Gracias a mis padres Jesús y Concepción; y a mi hermana Maite y mi cuñado Sergio por la ayuda que siempre me brindan revisando partes del libro.

Finalmente unas gracias muy especiales a mi mujer Mª Paz por su ayuda en la revisión del texto, y sobre todo por su respaldo en un proyecto de estas características; y también a mi hija Irene de 8 años, a la que le he quitado algunos ratitos de juego en común para escribir este libro.

Breves muestras de apoyo

¡Tengo una gran confianza en la enseñanza de mi viejo amigo Rafael García! Rafael comprende y siente la música gracias a una inteligencia del cuerpo y una sabiduría del corazón excepcionales... ¡Me gustaría permanecer en España para aprovechar sus consejos todo el tiempo!

Espero sinceramente que sean muchos los jóvenes músicos que puedan ver transformada su manera de hacer música por un enfoque mucho más global del gesto musical. Serán conscientes de que no existe otro objeto de evolución que uno mismo.

Claude Delangle
Concertista y Catedrático de Saxofón del
Conservatorio Superior Nacional de París.

Apoyo encarecidamente el nuevo libro de Rafael García. No es fácil encontrar un libro que hable claramente sobre el estudio efectivo y la preparación para las actuaciones, no sólo desde su aspecto técnico sino más importante todavía, incluyendo la preparación mental que se requiere para alcanzar un gran rendimiento en el escenario.

¡El libro es una fantástica herramienta para todos nosotros músicos! Bravo, Rafael.

Yehuda Gilald
Profesor de clarinete en la Universidad del Sur de California y director
musical de la Orquesta de las Escuelas Colburn de Los Ángeles.

Encuentro que este libro es muy beneficioso en la educación de músicos jóvenes y adultos. Tenemos que reconocer que al actuar e interpretar música, la parte mental es la parte más crucial e importante de nuestra preparación. El concepto de Musethica nació con el deseo de ayudar a los músicos a desarrollar sus herramientas mentales. Un periodista dijo una vez que «Musethica suena como una forma de practicar la empatía». Así es absolutamente. La Empatía representa una importante parte de la técnica del violín o de cualquier instrumento.

El libro de Rafa puede ayudarnos y darnos apoyo en este asunto tan importante, y además representa un gran activo para todos nosotros músicos.

Avri Levitan
Fundador y director artístico de Musethica en Berlín

Cuando Rafael García se dirigió a mí para que escribiera sobre su libro acerca de la preparación para las actuaciones, lo primero que tuve el placer de escuchar fue que una publicación de estas características iba a ser en español. Cuando leí el libro, sin embargo, me di cuenta de cómo el autor aporta con habilidad una amplia variedad de temas incluidos en la preparación para las actuaciones, que a menudo se encuentran en fuentes separadas.

El libro aborda la importancia de un enfoque físico adecuado (por ejemplo, la forma de maximizar el uso del cuerpo), en conjunción con el trato de asuntos psicológicos importantes (por ejemplo, la motivación, la comunicación, la confianza, la concentración) en paralelo al desarrollo de la maestría técnica y musical, durante el estudio. Esto en mi opinión pone de relieve lo que constituye el estudio efectivo en la preparación de las actuaciones.

Tania Lisboa
Cellista e Investigadora en Ciencias de la Ejecución en el Royal College
of Music de Londres

El libro de Rafael García es una guía interesante, necesaria y útil. Trata temas y preguntas que como músicos nos planteamos y replanteamos constantemente, y que con frecuencia son difíciles de responder y superar: miedo escénico, el estudio, la tensión física y un largo etcétera.

La obra de Rafa representa una detallada descripción y análisis del proceso que supone leer, entender y traspasar la información de una partitura para hacerla llegar al oyente, pasando por todo el ser del intérprete: físico, mental y emocional. A estos elementos hay que añadir los factores externos que pueden llegar a generarse antes, durante e incluso después de la actuación. Una fórmula difícil de manejar ya que siempre será diferente…

Vera Martínez Mehner
Miembro fundador del Cuarteto Casals y profesora de violín y música de
cámara en la Escuela Superior de Música de Cataluña.

Es de sentido común que para lograr la perfección en cualquier empresa son imprescindibles innumerables horas de práctica. El desarrollo de una profunda interpretación musical requiere incluso una mayor inversión de tiempo, que simplemente la obligación de memorizar notas y disciplinar varios grupos de músculos para producir los resultados deseados.

Cada intérprete que alcanza el éxito ha tenido que aprender el valor de la preparación mental, no sólo para garantizar la eficiencia del tiempo de estudio, sino también para asegurarse que es posible presentar una consumada interpretación sin temor.

Las reflexiones y propuestas descritas en el libro de Rafael García deben servir de gran ayuda para cualquier estudiante que tiene el objetivo de llegar a ser un intérprete.

Eric Terwilliger
Trompa solista de la Orquesta Sinfónica de la Radio de Baviera y profesor
en la Escuela Superior de Música de Munich.

Taller de música

CÓMO VIVIR SIN DOLOR SI ERES MÚSICO
Ana Velázquez

Los músicos están expuestos –más que la mayoría de las profesiones– a lesiones musculares y articulares debido a la repetición de sus movimientos. La mejor manera de prevenirlas es enseñando desde los comienzos la más óptima colocación del instrumento y evitar las alteraciones en el sistema postural.

Este libro ofrece los recursos necesarios en cada tipo de instrumento para mejorar la postura interpretativa y evitar lesiones que mermen el trabajo de un músico. Tiene como finalidad optimizar el rendimiento y calidad artística del músico ya que ofrece recursos para mejorar la postura interpretativa y en consecuencia la relación que cada músico tiene con su instrumento.

TÉCNICA ALEXANDER PARA MÚSICOS
Rafael García

La técnica Alexander es cambio. Un cambio de conducta que implica una visión más amplia de la música y del intérprete. La atención no se centra exclusivamente en los resultados, sino también en mejorar y cuidar todas aquellas áreas que conducen a una experiencia musical más satisfactoria.
Aprender a ver más allá del atril, levantarse de vez en cuando de la silla para tomar aire y reemprender la tarea con energía renovada, representa una medida saludable para el músico.
La técnica Alexander toma de la mano tanto las necesidades artísticas del intérprete, como los pilares del funcionamiento corporal que promueven en él una postura sana y movimientos libres. El resultado es beneficioso para ambos. La faceta artística del músico se amplía enormemente al reducir el número de interferencias en la interpretación, y a su vez, el bienestar corporal alcanzado lleva a una experiencia de mayor satisfacción.

MUSICOTERAPIA
Gabriel Pereyra

Este libro ofrece un viaje por el mundo del sonido y del ritmo.
A lo largo de sus páginas irán apareciendo un sinfín de posibilidades inexploradas que puede otorgar el poder de la música, acompañadas de diversos ejemplos para mejorar el nivel de relajación o aumentar la concentración, y otros para combatir el estrés o aliviar el dolor.
Gracias a los ejercicios planteados, el lector podrá desarrollar su musicalidad y alcanzar el equilibrio en la vida cotidiana, agudizando los sentidos, y mejorando su salud física y mental.

- La influencia de la música sobre el cuerpo humano.
- Los cuatro tipos de oyentes.
- El efecto Mozart.

Taller de música

CÓMO POTENCIAR LA INTELIGENCIA DE LOS NIÑOS CON LA MÚSICA

Joan M. Martí

La música estimula las capacidades de ambos hemisferios en el cerebro, potenciando globalmente las habilidades de los niños a través del aprendizaje musical. Es, por tanto, una herramienta transversal para el aprendizaje de todo tipo de materias.

Está demostrado que hay una relación directa entre una temprana educación musical y el crecimiento cognitivo de materias como las matemáticas, los idiomas o las ciencias naturales. La inteligencia musical puede manifestarse desde muy temprano, tan sólo es necesario que padres y educadores apoyen el interés musical de los niños de una manera cálida, afectuosa y amable. Este libro ofrece una serie de recursos prácticos para desarrollar en el aula o en casa con el fin de mejorar la educación de los niños en cualquier ámbito.

SER MÚSICO Y DISFRUTAR DE LA VIDA

Joan M. Martí

La música expresa sentimientos, circunstancias, pensamientos o ideas. El arte de las musas es un noble estímulo que hace que la gente baile, cante, escuche con atención o se emocione profundamente. Quien se encarga de transmitir todas estas sensaciones es el músico y este libro trata sobre todo aquello que envuelve su vida: su relación con el profesor, con su familia, con su pareja y también con su instrumento.

¿Cómo vive una actuación un músico? ¿Disfruta, se agobia, la padece? ¿Qué actitud debe tener un músico con sus maestros? ¿Cómo es la relación con su pareja? ¿Qué significa ser músico en nuestra sociedad?

Taller de teatro/música

EL MIEDO ESCÉNICO

Anna Cester

Muchos cantantes, bailarines, actores, músicos… ya sean amateurs, estudiantes o grandes intérpretes afirman que la ansiedad escénica les afecta negativamente, disminuyendo su rendimiento y la calidad de su actuación. Es un hecho evidente que el trac no es selectivo, nos afecta a todos en mayor o menor intensidad.

El objetivo principal de este libro es ofrecer al lector conocimientos y habilidades en la preparación para actuar ante público, así como recursos para afrontar la ansiedad escénica sin que ésta interfiera en su buena interpretación